초등
표현 어휘
확장 공식
365

윤희솔 지음

JN407330

윤희솔 수석선생님

안녕하세요!
윤희솔 선생님이에요.
두 아들의 엄마이자, 학교에서 날마다 문해력 수업을 하고 있는 초등학교 수석선생님이랍니다.

선생님은 영국 대학원에서 영어 교육과 디지털 기술을 배운 적이 있어요. 그때 알게 된 게 있어요. 영어도 새로운 기술도 중요하지만 그보다 먼저 꼭 필요한 것은 우리말과 글을 잘 읽고 쓰는 힘, 즉 문해력이라는 점이에요.

그 이후로는 어린이들과 함께 글을 읽고 쓰며 문해력 공부를 열심히 하고 있어요. 《하루 3줄 초등 글쓰기의 기적》, 《만화로 시작하는 초등 글쓰기》 같은 책도 썼답니다.

이 일력에는 여러분의 문해력을 키워 주고 싶은 선생님의 마음을 담았어요. 그래서 다음에 나오는 내용을 알려 주는 말, 말을 이어 주는 말, 앞뒤에 붙는 꼬리표와 같이 특별한 힘이 있는 단어들을 골라 담았답니다.

이 단어들을 매일 하나씩 차곡차곡 쌓아 보세요. 여러분의 문해력이 단단하게 자라날 거예요.

머리말

단어는 힘이에요.
많이 알수록 글을 읽고 쓰는 힘이 더 강해지지요.

모든 단어가 다 똑같은 힘을 가진 건 아니에요. 어떤 단어는 뜻만 알면 거기서 끝나지만, 어떤 단어는 글을 깊이 이해하고 어휘를 넓히는 힘이 있답니다.

예를 들어 볼까요?
'따라서'와 같은 접속 부사는 글의 짜임을 보여 줘요.
'~이/가'와 같은 조사는 단어에 붙어 그 말이 문장에서 어떤 역할을 하는지 알려 주지요.
접두사 '한-'은 '큰, 정확한, 한창인'의 뜻을 더하고,
접미사 '-님'은 '선생님'처럼 존중의 뜻을 더해 줘요.

이 일력에는 이처럼 글의 짜임을 알려 주고, 단어의 역할을 밝혀 주고, 어휘를 확장하는 힘이 있는 단어들을 담았어요.

그리고 절기나 명절처럼 특별한 날짜에는 생각 재료가 풍성해지는 상식도 함께 담았습니다.

접사, 조사, 표지어 중심 문해력 일력
초등 표현 어휘 확장 공식 365

초 판 발 행	2025년 11월 04일
발 행 인	박영일
책 임 편 집	이해욱
저 자	윤희솔
편 집 진 행	박유진
표 지 디 자 인	조혜령
편 집 디 자 인	신해니
발 행 처	시대인
공 급 처	(주)시대고시기획
출 판 등 록	제 10-1521호
주 소	서울시 마포구 큰우물로 75 [도화동 538 성지 B/D] 9F
전 화	1600-3600
홈 페 이 지	www.sdedu.co.kr
I S B N	979-11-434-0145-8(12590)
정 가	20,000원

※이 책은 저작권법에 의해 보호를 받는 저작물이므로, 동영상 제작 및 무단전재와 복제, 상업적 이용을 금합니다.
※이 책의 전부 또는 일부 내용을 이용하려면 반드시 저작권자와 (주)시대고시기획·시대인의 동의를 받아야 합니다.
※잘못된 책은 구입하신 서점에서 바꾸어 드립니다.

시대인은 종합교육그룹 (주)시대고시기획·시대교육의 단행본 브랜드입니다.

매일 한 장씩 넘기며 특별한 힘이 있는 새로운 단어를 익히고, [오늘 한 걸음] 과제를 해 보세요.

그 작은 걸음들이 모여 여러분의 문해력을 든든하게 키워 줄 거예요.

선생님은 여러분이 이 일력을 통해 즐겁게 배우고, 말과 글의 힘을 멋지게 키워 가기를 응원할게요!

- 윤희솔 선생님이

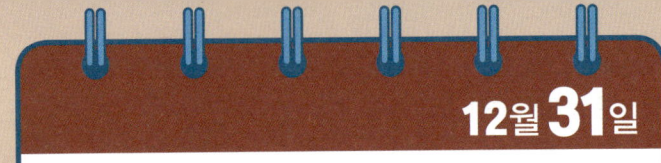

~일랑

어떤 대상을 특별히 정하여 가리키는 뜻을 나타내는 말.

➡ 지나간 일 걱정**일랑** 하지 말고, 오늘부터 잘 하면 돼!

오늘 한 걸음

'~일랑'을 사용하여 지나간 일을 두고 조언하는 문장을 만들어 보세요.

1월

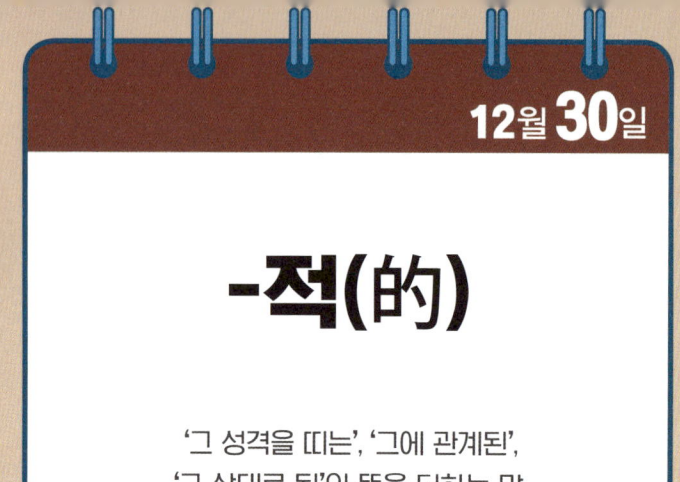

12월 30일

-적(的)

'그 성격을 띠는', '그에 관계된', '그 상태로 된'의 뜻을 더하는 말.

➡ **성공적**으로 학예회 발표를 끝냈다.

오늘 한 걸음

'-적'이 붙어 만들어진 낱말을 국어사전에서 세 개 찾아보세요.

①

②

③

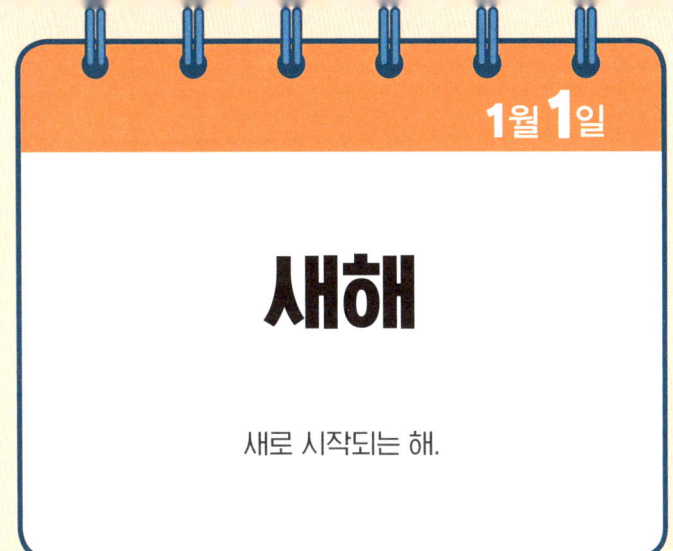

1월 1일

새해

새로 시작되는 해.

➡ **새해** 첫날 아침이 밝았다.

나의 새해 계획을 이야기해 보세요.

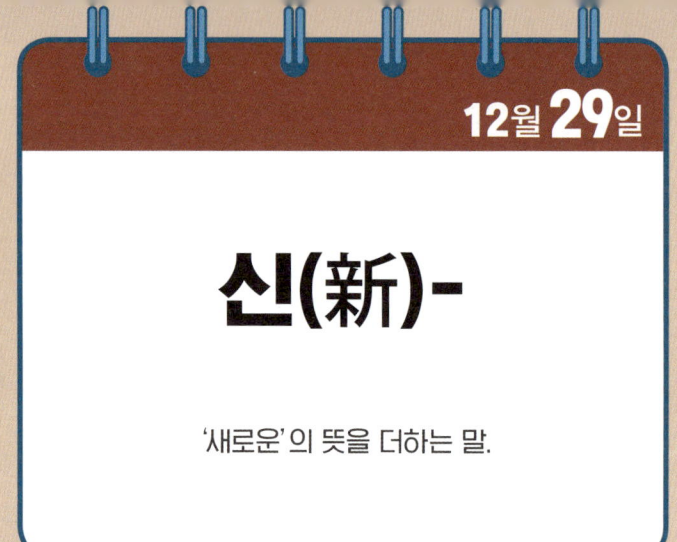

12월 29일

신(新)-

'새로운'의 뜻을 더하는 말.

➡ 선수가 경기에서 **신**기록을 세웠어요.

오늘 한 걸음

'신-'이 붙어 만들어진 낱말을 국어사전에서 세 개 찾아보세요.

① _____   ② _____

③ _____

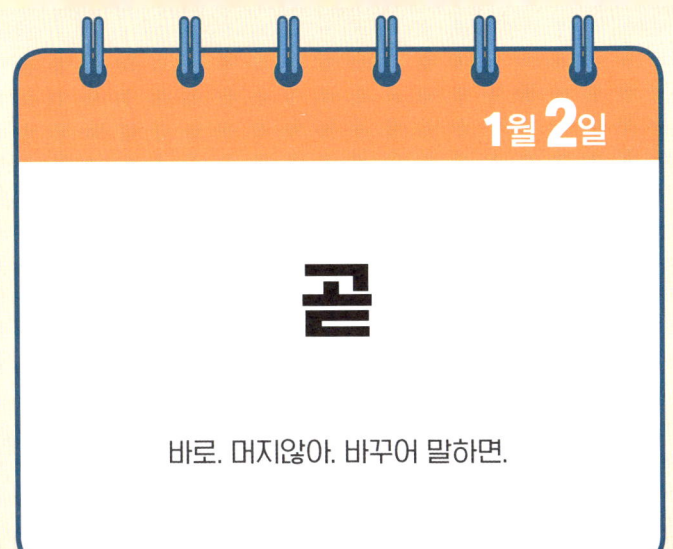

1월 2일

곧

바로. 머지않아. 바꾸어 말하면.

➡ 버스가 **곧** 출발한대!
➡ 책 읽기는 **곧** 마음이 자라는 것과 같아요.

─── 오늘 한 걸음 ───

빈칸을 채워 보세요.

날마다 글을 쓰는 것은 곧 ……………………… 과(와) 같다.

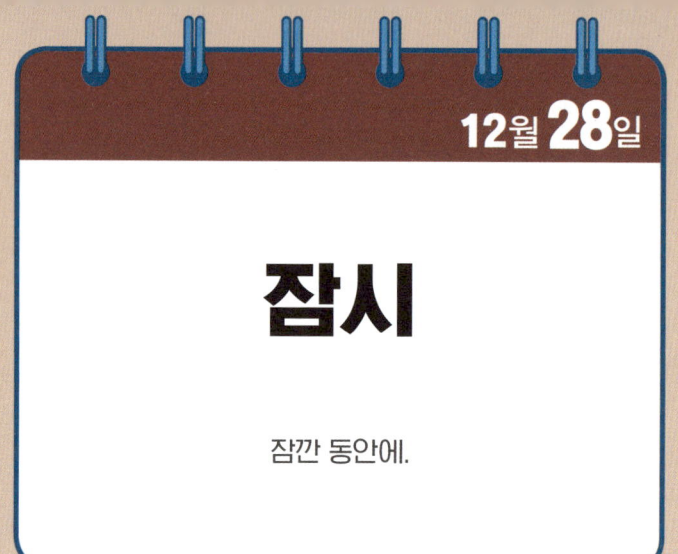

12월 28일

잠시

잠깐 동안에.

➡ 나는 방학 동안 할머니 댁에 **잠시** 머무를 계획이야.

오늘 한 걸음

잠시 동안 한 일을 이야기해 보세요.

1월 3일

마침내

끝에 가서 결국에는. 드디어 마지막에는.

➡ **잃어버린 강아지를 마침내 찾았어요!**

오늘 한 걸음

'마침내'를 사용하여 이루고 싶은 일을 이야기해 보세요.

은근히

야단스럽지 않고 꾸준히. 드러나지 않게.

➡ 육수를 약한 불에서 **은근히** 끓였다.
➡ 동생이 늦게 와서 **은근히** 걱정됐다.

오늘 한 걸음

은근히 걱정되거나 기대되는 일을 이야기해 보세요.

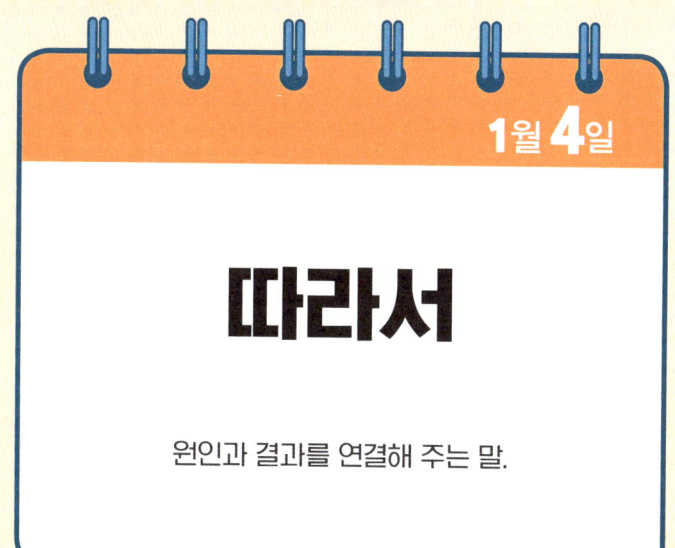

1월 4일

따라서

원인과 결과를 연결해 주는 말.

➡ 눈이 많이 내렸다. **따라서** 길이 무척이나 미끄럽다.

오늘 한 걸음

'따라서'를 사용하여 원인과 결과를 잇는 문장을 만들어 보세요.

면면히

끊이지 않고 죽 계속하여.

➡ 이 식당은 4대째 **면면히** 처음 맛을 간직해 왔대.

오늘 한 걸음

우리 집에서 대대로 면면히 이어 오는 일을 떠올려 보세요.

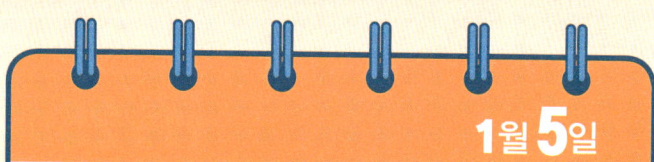

1월 5일

소한

본격적으로 추워지는 때로 이십사절기의 하나.

→ **소한**이라 그런지 날씨가 정말 추워요.

오늘 한 걸음

'소한 추위는 꾸어다가라도 한다.'라는 속담의 뜻을 국어사전에서 찾아보세요.

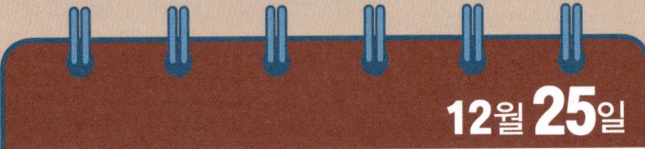

12월 25일

성탄절

예수가 태어난 날을 기념하는 날.

➡ **성탄절**은 예수의 탄생을 기념하는 날이에요.

오늘 한 걸음

성탄절을 기념하는 대표적인 풍습을 조사해 보세요.

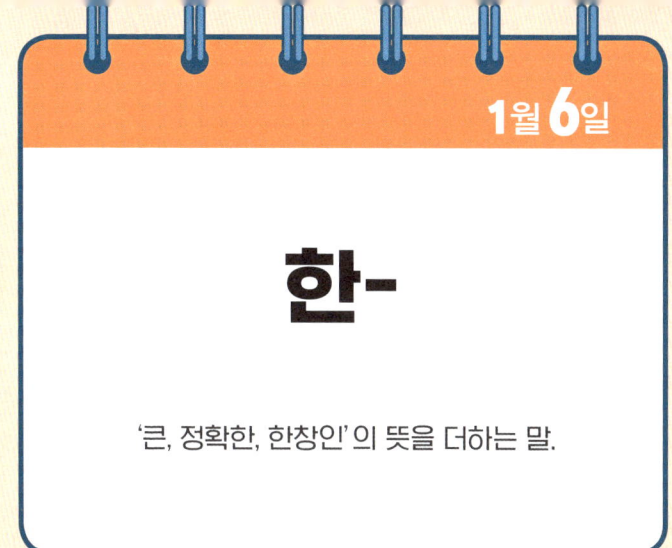

1월 6일

한-

'큰, 정확한, 한창인'의 뜻을 더하는 말.

➡ **한**겨울에 옷을 얇게 입는다고 엄마가 **한**걱정을 하셨어요.

―――― 오늘 한 걸음 ――――

계절이나 때를 나타내는 낱말에 '-한'을 붙여 새로운 낱말을 세 개 만들어 보세요.

① _____   ② _____

③ _____

12월 24일

~그래/그려

말하는 사람이 듣는 이에게 자신이 말한 내용을 친근하게 표현할 때 쓰는 말.

➡ 이것 참 맛있군그래.
➡ 오늘따라 얼굴이 밝아 보이네그려.

오늘 한 걸음

'~그래/그려'를 사용하여 친근하게 이야기해 보세요.

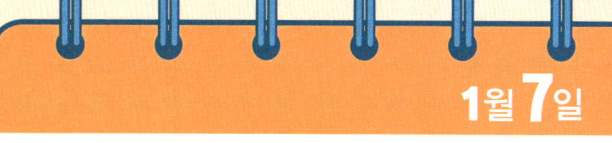

-꾸러기

'그것이 심하거나 많은 사람'의 뜻을 더하는 말.

➡ **내 짝꿍은 장난꾸러기다.**

오늘 한 걸음

'-꾸러기'가 붙어 만들어진 낱말을 국어사전에서 세 개 찾아보세요.

① _____ ② _____

③ _____

12월 **23**일

-째

'차례', '등급', '동안'의 뜻을 더하는 말.

➡ 지금 운동장을 세 바퀴째 돌고 있어.
➡ 하늘이 며칠째 흐리다.

오늘 한 걸음

'-째'가 붙어 만들어진 낱말을 국어사전에서 세 개 찾아보세요.

① _____   ② _____

③ _____

~이/가/께서

누가, 무엇이 하는지 알려 주는 말.

➡ 달**이** 밝다.
➡ 친구**가** 말했다.
➡ 할머니**께서** 부르셨다.

오늘 한 걸음

'~이/가/께서'를 사용하여 문장을 만들어 보세요.

12월 22일

동지

일 년 중 밤이 가장 긴 날로 이십사절기의 하나.

➡ **동지**에는 팥죽을 먹는 풍습이 있어요.

오늘 한 걸음

동지에 팥죽을 먹는 풍습이 생긴 까닭을 조사해 보세요.

그러나

앞의 내용과 뒤의 내용이 서로 반대될 때 쓰는 말.

➡ **나는 고양이를 키우고 싶다. 그러나 털 알레르기가 있어서 키울 수 없다.**

―― 오늘 한 걸음 ――

'그러나'를 사용하여 서로 반대되는 내용의 문장을 이어 보세요.

12월 21일

어김없이

약속 등을 어기는 일이 없이. 틀림이 없이.

→ 할머니는 오늘도 **어김없이** 교문에서 나를 기다리신다.
→ 기차가 **어김없이** 제시간에 출발했다.

오늘 한 걸음

가족이나 친구가 날마다 어김없이 하는 행동을 떠올려 보세요.

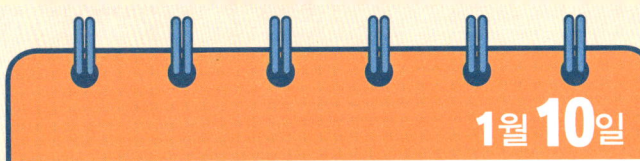

도리어

기대했던 것이나 일반적인 것과 반대되거나 다르게.

➡ 자기가 잘못해 놓고 **도리어** 나에게 화를 냈다.

―― 오늘 한 걸음 ――

잘못한 사람이 도리어 화를 내서 당황스러웠던 경험을 이야기해 보세요.

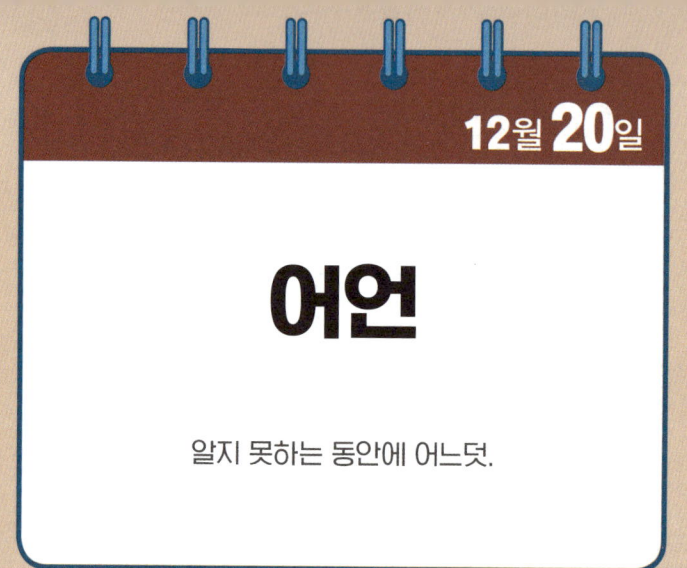

12월 20일

어언

알지 못하는 동안에 어느덧.

➡ 입학한 지도 **어언** 2년이 다 되어 간다.

오늘 한 걸음

'어언'을 사용하여 시간이 흐른 경험을 이야기해 보세요.

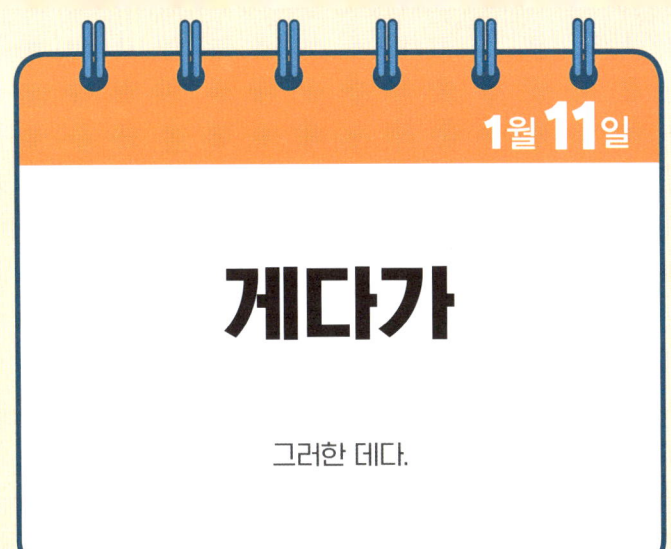

1월 11일

게다가

그러한 데다.

➡ 이 캐릭터 필통은 예쁘고 **게다가** 가격도 싸서 마음에 들어요.

오늘 한 걸음

'게다가'를 사용하여 좋은 점 두 가지를 이어 보세요.

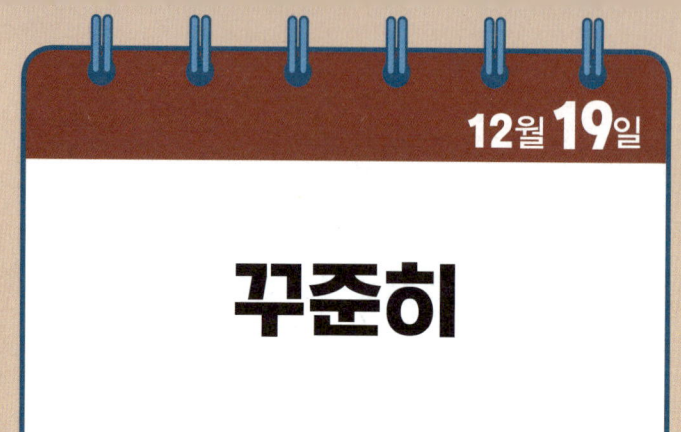

12월 19일

꾸준히

거의 변함이 없이 한결같이.

➡ 날마다 글씨 연습을 **꾸준히** 한 덕에 이제 글씨를 잘 쓴다.

오늘 한 걸음

내가 꾸준히 하고 있는 일을 이야기해 보세요.

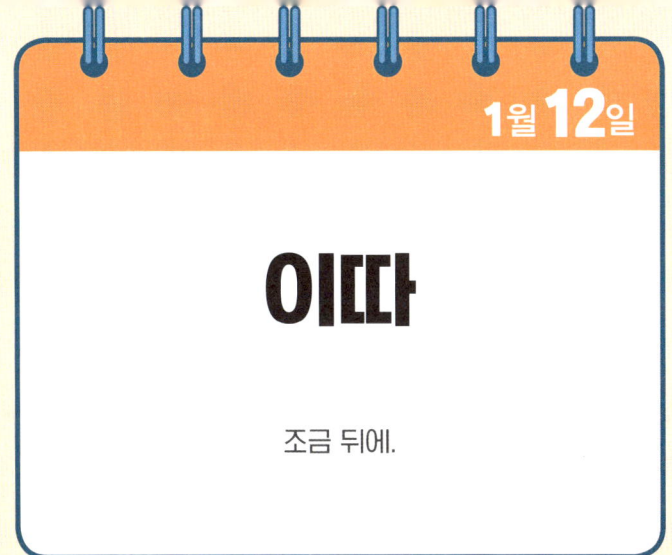

1월 12일

이따

조금 뒤에.

➡ **우리 이따 만나자.**

오늘 한 걸음

옳은 문장에 동그라미표 하세요.

① 있다 보자!   ② 이따 보자!

지지리

아주 심하게. 또는 매우 지긋지긋하게.

➡ 그 사람은 **지지리** 고생을 했대요.

오늘 한 걸음

빈칸에 들어갈 알맞은 말을 골라 보세요.

지지리 _____.

① 가난하다   ② 부자다

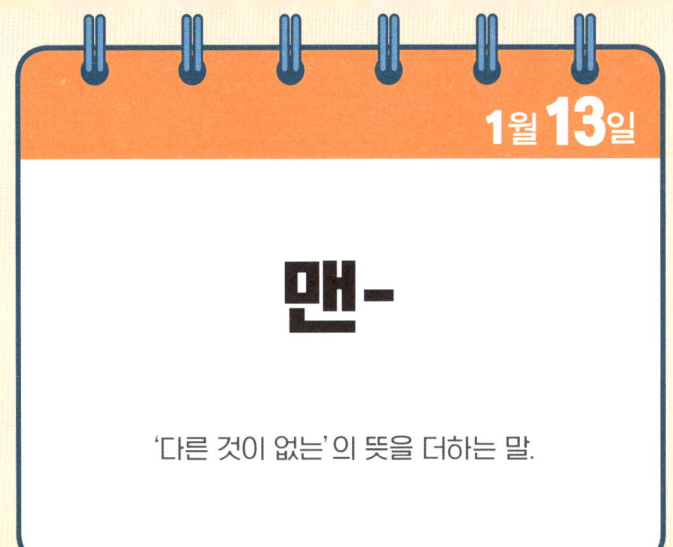

➡ 그 별은 크고 밝아서 밤에 **맨**눈으로 볼 수 있다.

오늘 한 걸음

'맨손/맨발/맨눈' 중 하나를 골라 문장을 만들어 보세요.

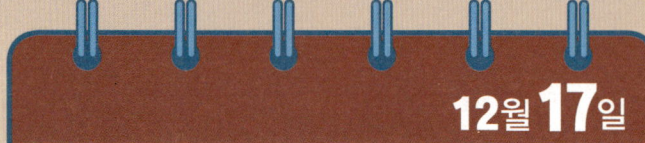

~토록

앞에 오는 말의 정도나 시간이 다할 때까지의 뜻을 나타내는 말.

➜ 결혼식에서 신랑과 신부는 평생**토록** 함께 잘 살겠다고 약속했다.

오늘 한 걸음

종일토록 해도 지겹거나 지루하지 않은 일을 떠올려 보세요.

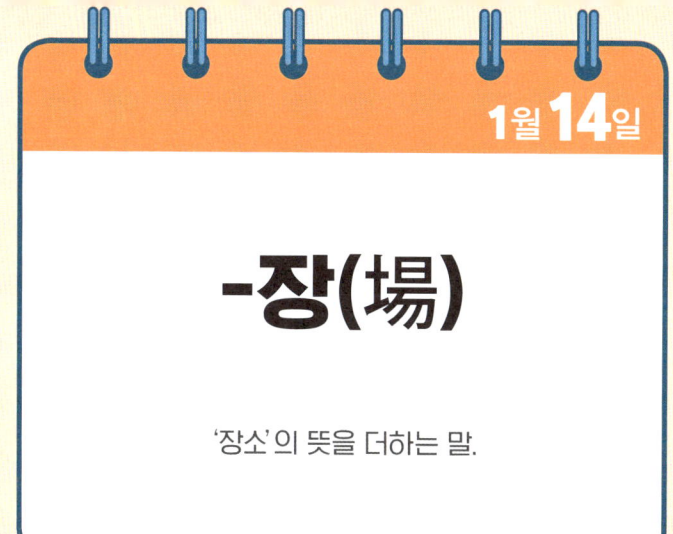

➡ 운동**장**에서 달리기를 했어요.

오늘 한 걸음

'-장'이 붙어 만들어진 낱말을 국어사전에서 세 개 찾아보세요.

① _____ ② _____

③ _____

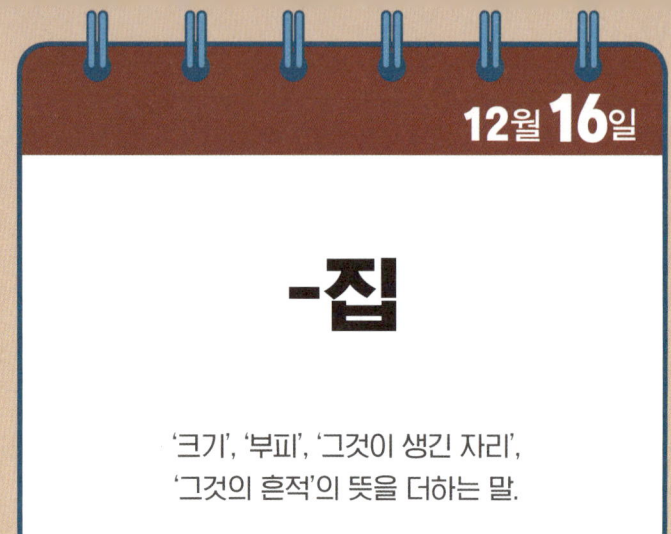

12월 16일

-집

'크기', '부피', '그것이 생긴 자리', '그것의 흔적'의 뜻을 더하는 말.

➡ 강아지는 살집이 통통하다.
➡ 화상을 입어서 물집이 생겼다.

오늘 한 걸음

'-집'이 붙어 만들어진 낱말을 국어사전에서 세 개 찾아보세요.

① _____   ② _____

③ _____

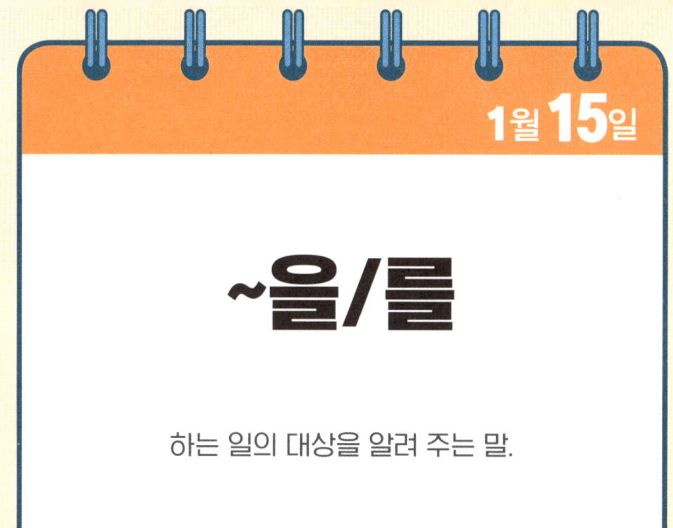

~을/를

하는 일의 대상을 알려 주는 말.

➡ **책을** 읽었다.
➡ **아빠를** 도와드렸다.

―― 오늘 한 걸음 ――

'~을/를'을 사용하여 문장을 만들어 보세요.

미(未)-

'그것이 아직 아닌', '그것이 아직 되지 않은'의 뜻을 더하는 말.

➡ 이 작품은 **미**완성이라서 마무리할 시간이 더 필요해.

오늘 한 걸음

'미-'가 붙어 만들어진 낱말을 국어사전에서 세 개 찾아보세요.

① _____ ② _____

③ _____

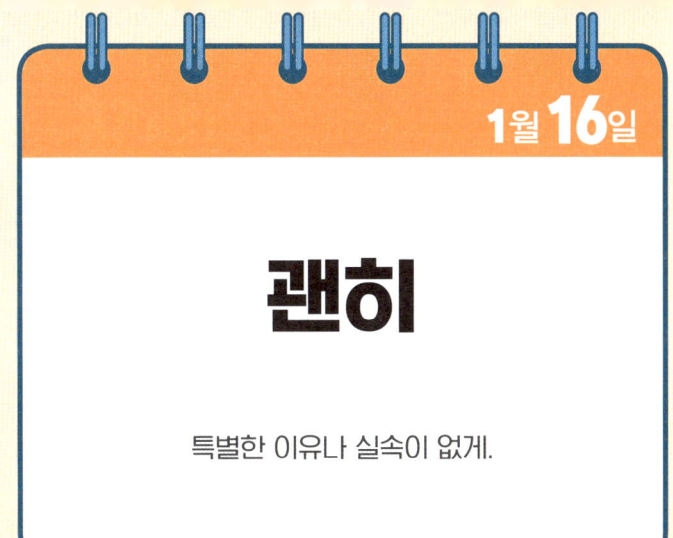

괜히

특별한 이유나 실속이 없게.

➡ **오빠는 나만 보면 괜히 심술을 부린다.**

오늘 한 걸음

'괜히'를 사용하여 문장을 만들어 보세요.

하염없이

걱정에 싸여 아무 생각이 없이 멍하게.
어떤 행동이나 감정 등이 계속되는 상태로.

➡ 지쳐서 **하염없이** 앉아 있었다.
➡ 슬퍼서 **하염없이** 눈물만 났다.

오늘 한 걸음

하염없이 했던 행동을 이야기해 보세요.

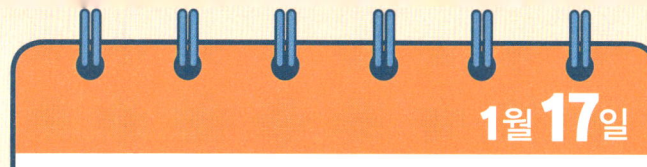

어쩐지

어떤 이유인지는 모르겠지만.

➡ **오늘은 어쩐지 좋은 일이 생길 것 같다.**

오늘 한 걸음

'어쩐지'를 사용하여 오늘 일어날 것 같은 일을 문장으로 만들어 보세요.

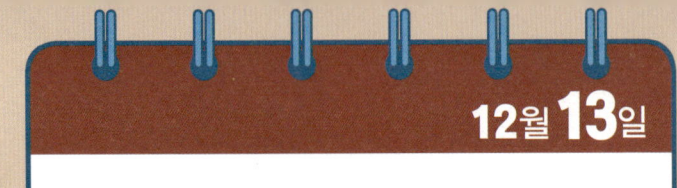

이윽고

시간이 얼마쯤 흐른 뒤에 드디어.

➡ 우리는 해돋이를 보러 일찍 해변에 도착했다. **이윽고** 해가 뜨기 시작했다.

오늘 한 걸음

'이윽고'를 사용하여 문장을 만들어 보세요.

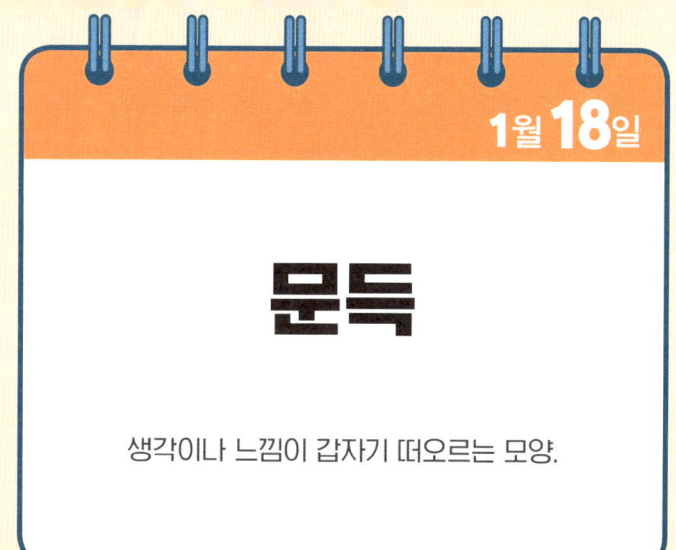

1월 18일

문득

생각이나 느낌이 갑자기 떠오르는 모양.

➡ **전학 간 친구의 소식이 문득 궁금해졌다.**

오늘 한 걸음

지금 문득 떠오르는 생각을 이야기해 보세요.

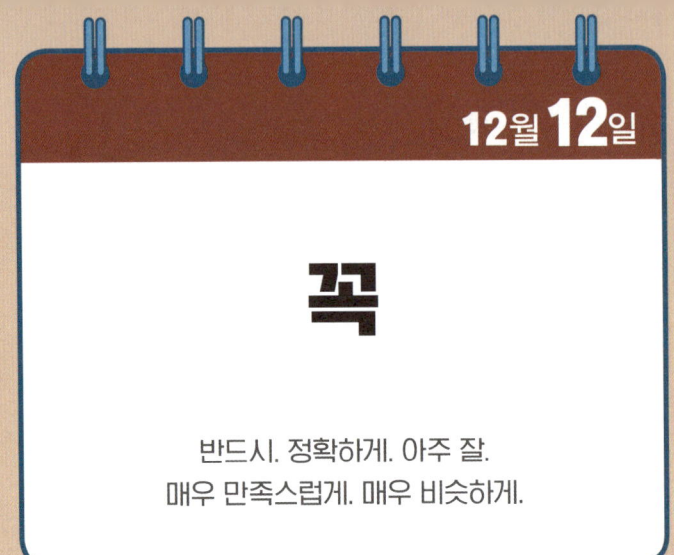

12월 12일

꼭

반드시. 정확하게. 아주 잘.
매우 만족스럽게. 매우 비슷하게.

➡ **약속 꼭 지켜!**
➡ **신발이 발에 꼭 맞아.**
➡ **둘은 꼭 형제 같다.**

오늘 한 걸음

마음에 꼭 드는 사람이나 물건을 이야기해 보세요.

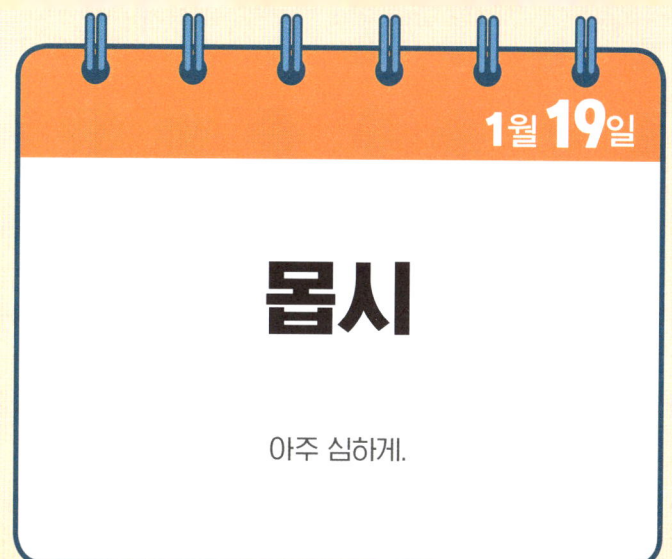

1월 19일

몹시

아주 심하게.

➡ 베짱이는 **몹시** 배가 고프고 추웠어요.

오늘 한 걸음

'몹시'를 사용하여 감정을 표현해 보세요.

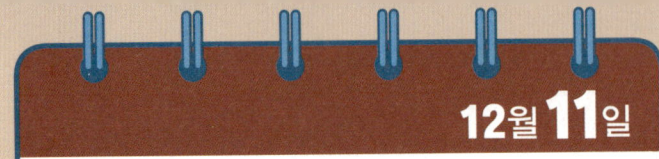

그윽이

마음에 주는 느낌이 깊고 평안하게.
인상이나 느낌이 은근하게.

➔ 엄마가 내 얼굴을 그윽이 바라보았다.
➔ 꽃향기가 그윽이 온 집 안에 퍼졌다.

오늘 한 걸음

'그윽이'를 사용하여 행동이나 분위기 등을 표현해 보세요.

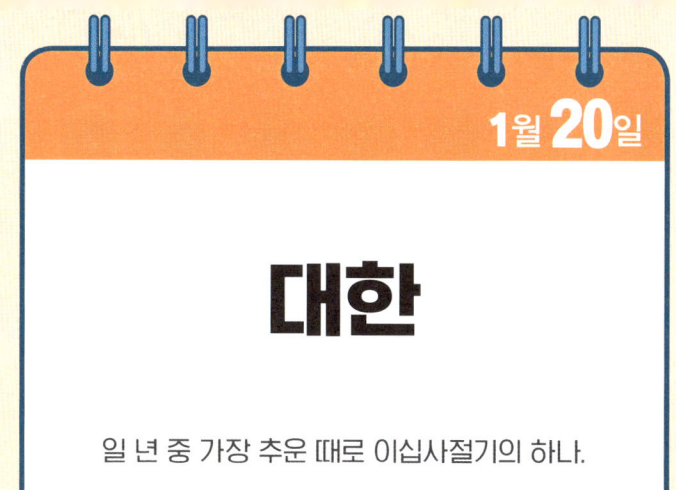

1월 20일

대한

일 년 중 가장 추운 때로 이십사절기의 하나.

➡ 오늘이 **대한**이라는데, 별로 춥지 않았어요.

오늘 한 걸음

'소한의 얼음이 대한에 녹는다.'라는 속담의 뜻을 국어사전에서 찾아보세요.

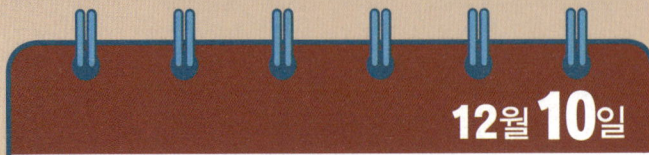

~이야말로

강조하여 확인하는 뜻을 나타내는 말.

➡ 우리 선생님**이야말로** 진정한 스승이라 할 수 있지!

오늘 한 걸음

'~이야말로'를 사용하여 문장을 만들어 보세요.

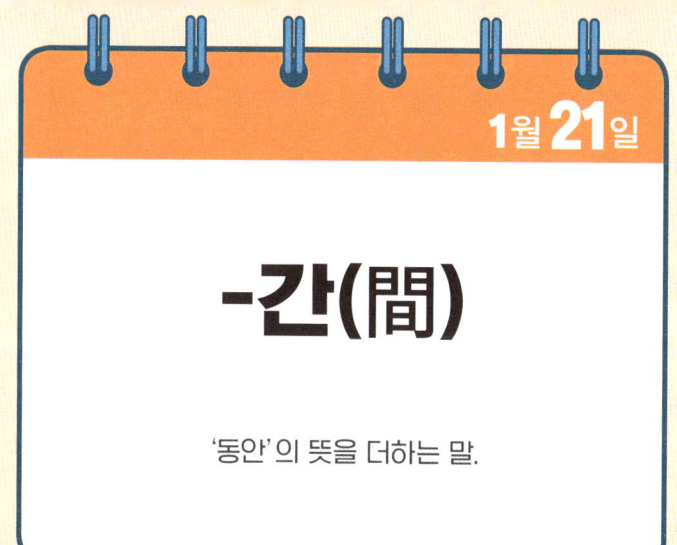

-간(間)

'동안'의 뜻을 더하는 말.

➡ **어제와 오늘 이틀간 여행을 했다.**

오늘 한 걸음

지난 일주일간 꾸준히 한 일을 이야기해 보세요.

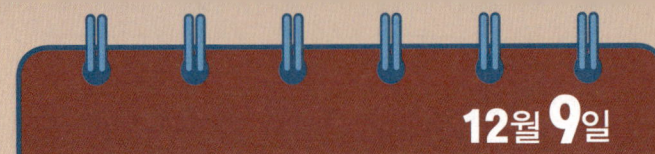

-잡이

'무엇을 잡는 일', '무엇을 다루는 사람'의 뜻을 더하는 말.

➡ 어부는 바다에 나가 고기잡이를 해요.
➡ 영화에서 총잡이가 나왔다.

오늘 한 걸음

'-잡이'가 붙어 만들어진 낱말을 국어사전에서 세 개 찾아보세요.

① _____ ② _____

③ _____

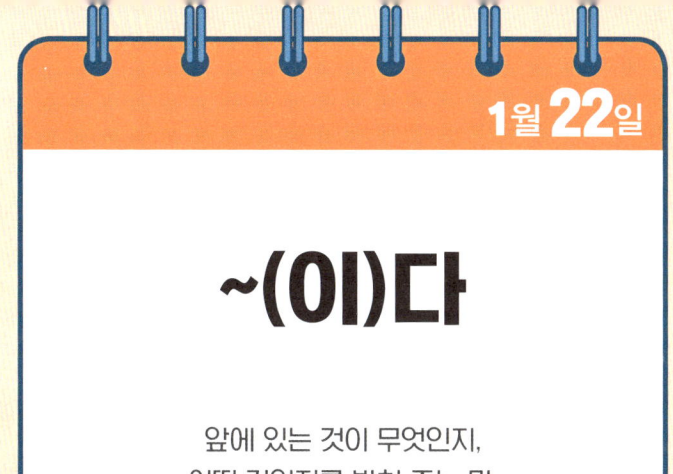

~(이)다

앞에 있는 것이 무엇인지,
어떤 것인지를 밝혀 주는 말.

→ 나는 학생**이다**.
→ 서울은 대한민국의 수도**다**.

오늘 한 걸음

'~(이)다'를 사용하여 문장을 만들어 보세요.

잔-

'가늘고 작은', '잘고 시시하여 대수롭지 않은'의 뜻을 더하는 말.

➡ **나무에 잔가지가 많이 달려 있다.**

오늘 한 걸음

'잔-'이 붙어 만들어진 낱말을 국어사전에서 세 개 찾아보세요.

① _____   ② _____

③ _____

한참

시간이 꽤 지나는 동안. 오래. 훨씬.

➡ **한참** 뒤에야 친구가 도착했다.
➡ 숙제가 **한참** 남았다.

오늘 한 걸음

빈칸을 채워 보세요.

나는 한참 _____.

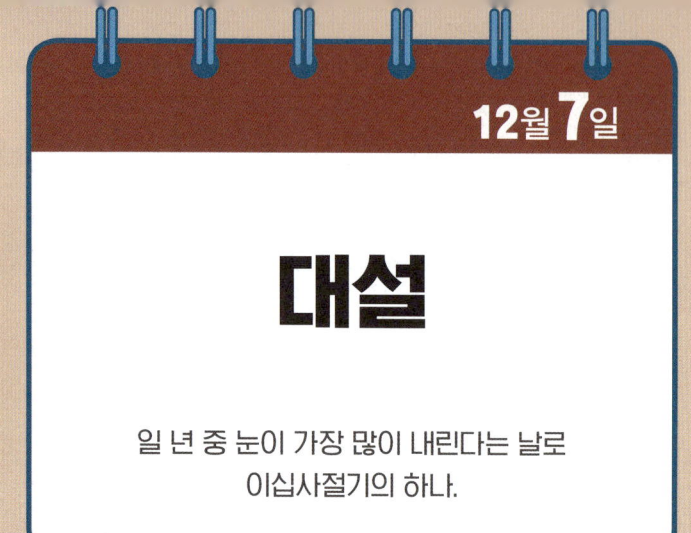

12월 7일

대설

일 년 중 눈이 가장 많이 내린다는 날로 이십사절기의 하나.

➡ **대설**이란 '아주 많이 오는 눈'을 뜻하기도 한다.

오늘 한 걸음

대설 풍경을 그림으로 그려 보세요.

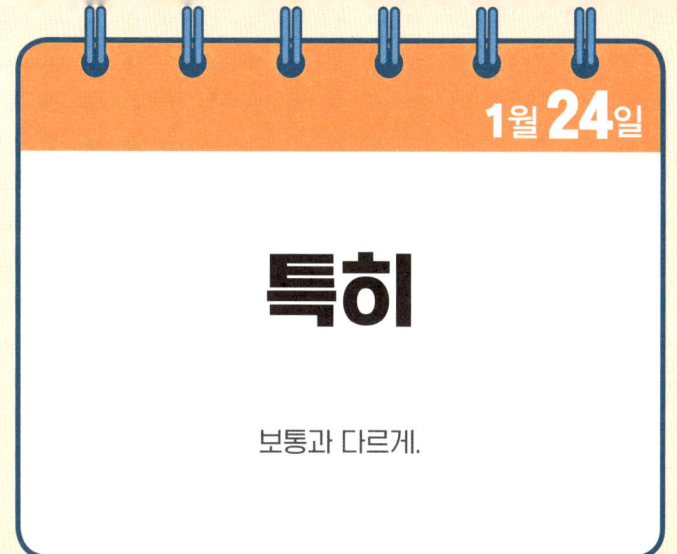

특히

보통과 다르게.

➡ 이번 수학 시험은 **특히** 더 어려웠어.

오늘 한 걸음

'특히'를 사용하여 강조하는 문장을 만들어 보세요.

12월 6일

여간

보통의 정도로.

➡ 시험에서 100점 맞는 것은 **여간** 어려운 일이 아니다.

오늘 한 걸음

'여간'을 사용하여 힘들었던 일이나 경험을 이야기해 보세요.

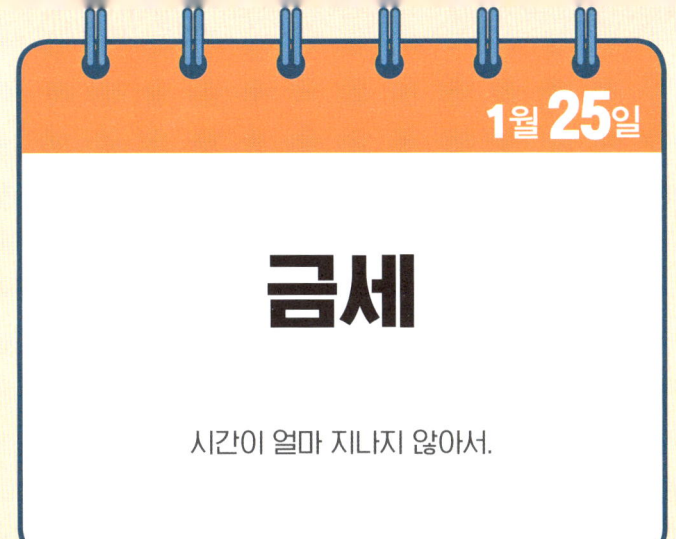

1월 25일

금세

시간이 얼마 지나지 않아서.

➡ **어제는 피곤해서 금세 잠들었다.**

오늘 한 걸음

옳은 문장에 동그라미표 하세요.

① 비가 금세 그쳤다.   ② 비가 금새 그쳤다.

12월 5일

무역

나라와 나라 사이에 서로 물건을 사고파는 일.

➡ **우리나라는 다른 나라와 무역을 해요.**

우리나라와 무역하는 나라를 세 곳 이상 찾아보세요.

①

②

③

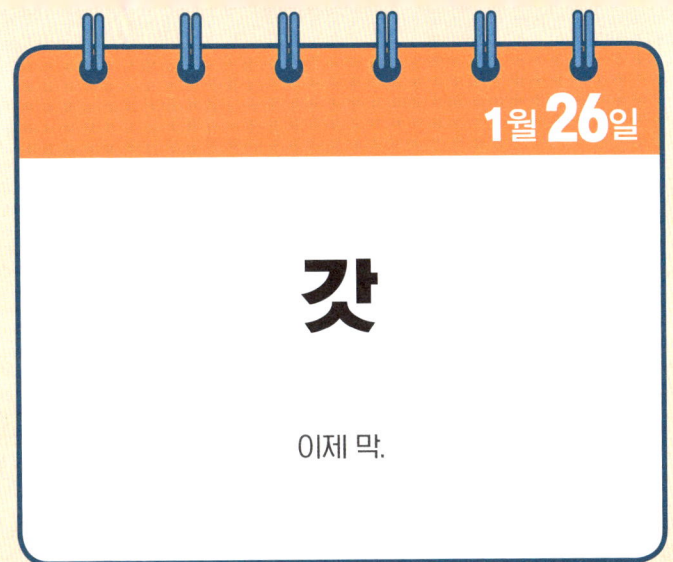

1월 26일

갓

이제 막.

→ **갓** 구운 고구마를 호호 불며 맛있게 먹었어요.

오늘 한 걸음

갓 구운 붕어빵을 그림으로 그려 보세요.

12월 4일

무던히

적당하거나 그보다 약간 더한 정도로.

➡ 친구를 오랜만에 만나서 **무던히** 어색해.

오늘 한 걸음

'무던히'를 사용하여 문장을 만들어 보세요.

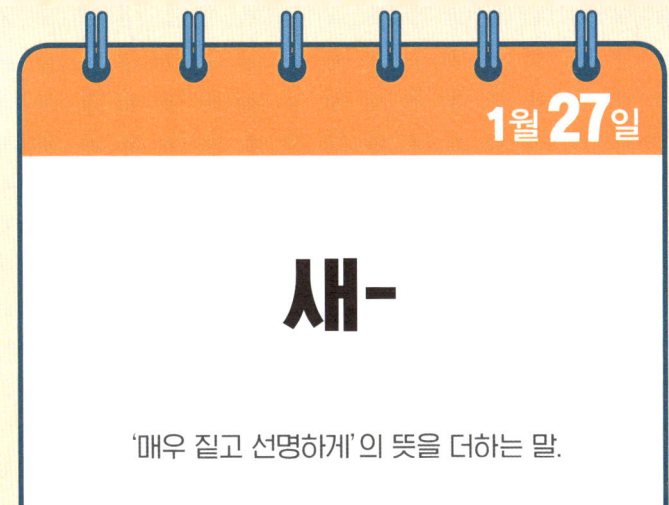

1월 27일

새-

'매우 짙고 선명하게'의 뜻을 더하는 말.

➡ **추워서 입술이 새파래졌어요.**

오늘 한 걸음

'새-'를 붙여 만들 수 있는 색깔 낱말 세 개를 떠올려 보세요.
(예: 새빨갛다)

① _____   ② _____

③ _____

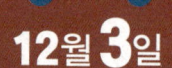 12월 3일

소비자

생산자가 만든 물건이나 서비스 등을 돈을 주고 사는 사람.

➡ 오늘은 소비자의 날이에요. 물건을 사는 사람을 **소비자**라고 한답니다.

오늘 한 걸음

내가 소비자로서 산 물건 목록을 떠올려 보세요.

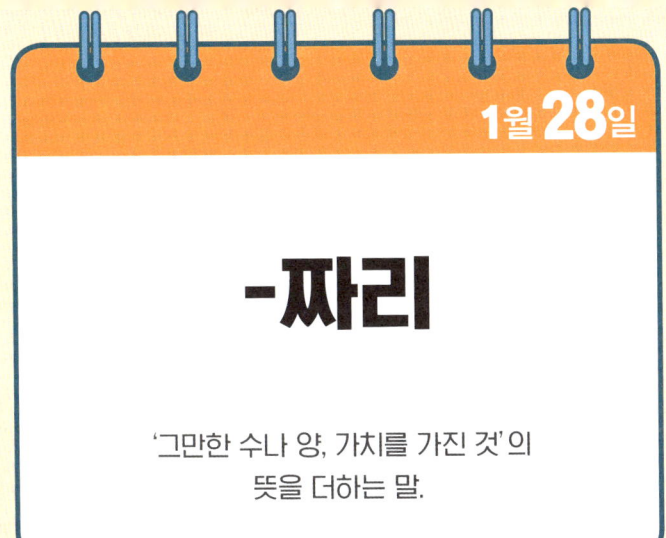

➡ 백 원**짜리** 동전이 주머니에 있었어요.

오늘 한 걸음

'-짜리'를 붙여 말할 수 있는 것을 집 안에서 세 가지 찾아 써 보세요.

① _____ ② _____

③ _____

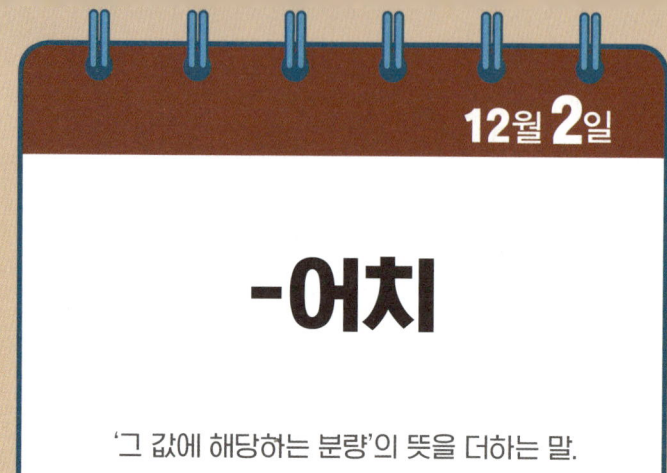

12월 2일

-어치

'그 값에 해당하는 분량'의 뜻을 더하는 말.

➡ 엄마가 귤을 오천 원어치 사 오셨다.

오늘 한 걸음

'만 원어치'를 사용하여 짧은 문장을 만들어 보세요.

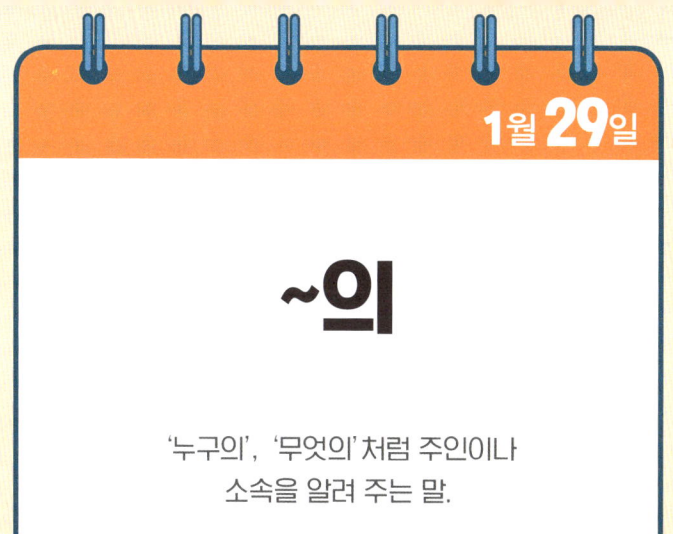

~의

'누구의', '무엇의'처럼 주인이나 소속을 알려 주는 말.

➡ 이건 민지의 책이야.
➡ 비둘기는 평화의 상징이야.

오늘 한 걸음

'~의'를 사용하여 문장을 만들어 보세요.

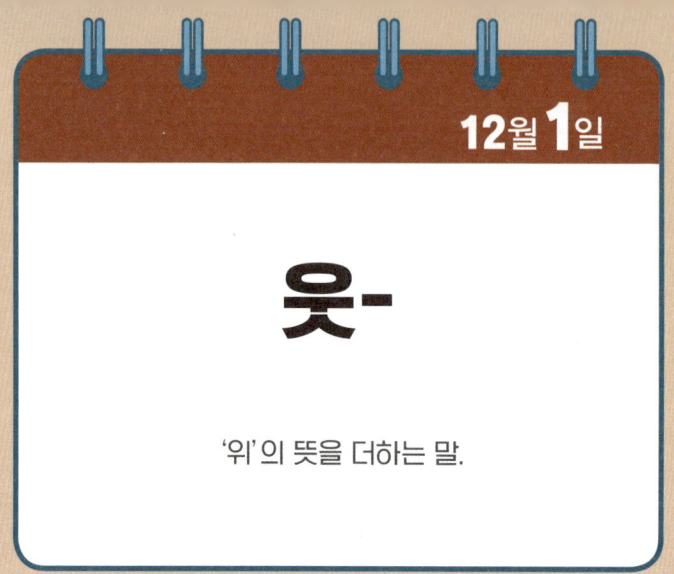

12월 1일

웃-

'위'의 뜻을 더하는 말.

➡ **웃**어른께 예의 바르게 인사해야지!

오늘 한 걸음

'웃-'이 붙어 만들어진 낱말을 국어사전에서 세 개 찾아보세요.

① _____   ② _____

③ _____

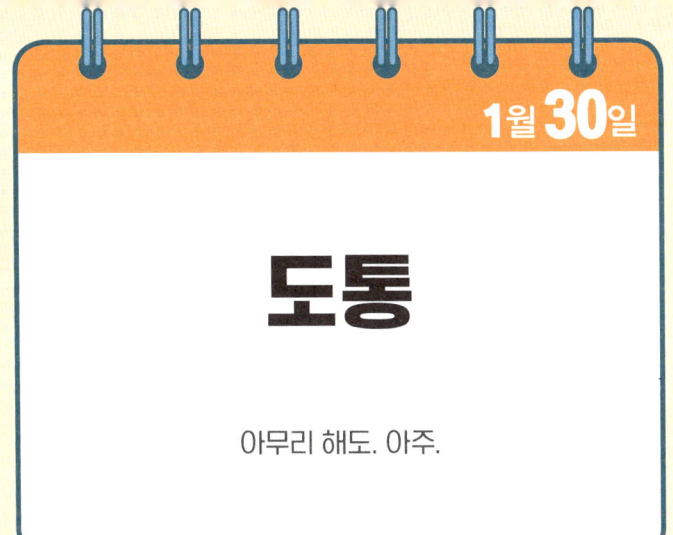

- 그 아이를 어디서 봤는지 **도통** 생각이 나질 않는다.
- 이 빵은 **도통** 맛이 없어.

오늘 한 걸음

'도통'을 사용하여 당황스러운 상황을 표현해 보세요.

12월

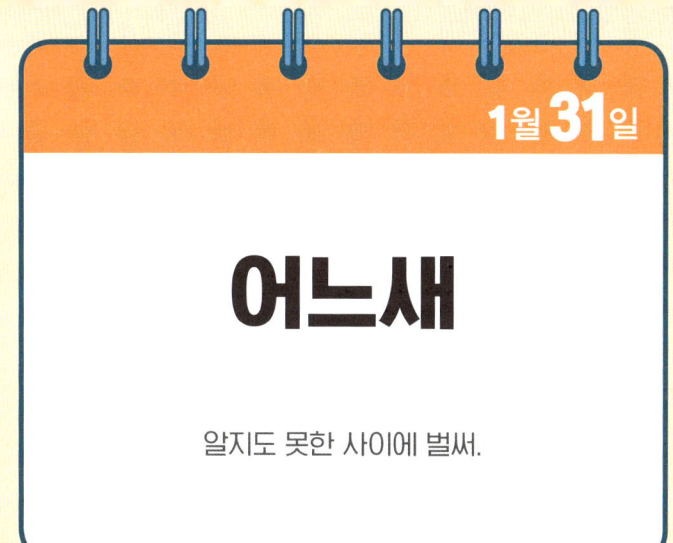

어느새

알지도 못한 사이에 벌써.

➡ **어느새** 1월이 훌쩍 가 버렸어요.

오늘 한 걸음

'어느새'를 사용하여 문장을 만들어 보세요.

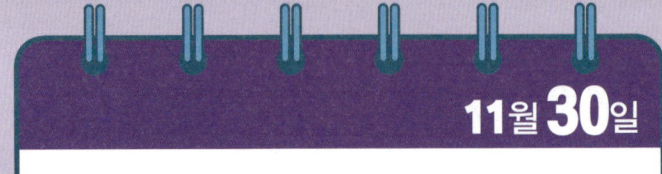

부단히

꾸준하게 이어져 끊임이 없이.

➡ 영어를 잘하고 싶어서 **부단히** 노력하고 있어.

오늘 한 걸음

부단히 노력하고 싶은 일을 떠올려 보세요.

2월

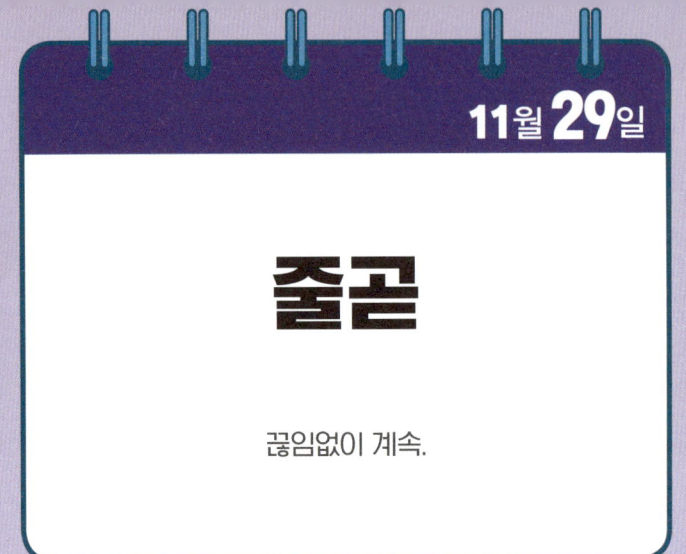

줄곧

끊임없이 계속.

→ 강아지가 줄곧 현관만 바라보고 있다.

'줄곧'을 사용하여 내가 계속한 일을 이야기해 보세요.

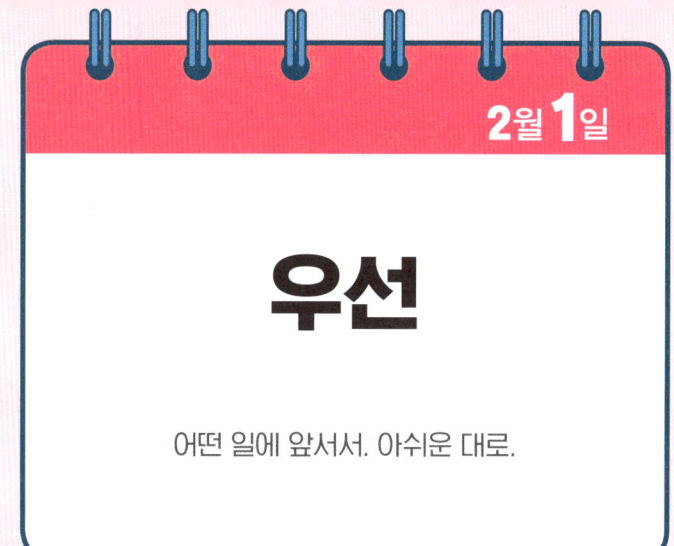

2월 1일

우선

어떤 일에 앞서서. 아쉬운 대로.

➡ 밥 먹기 전에 **우선** 손을 씻자.

----- 오늘 한 걸음 -----

오늘 할 일 가운데 우선해야 할 두 가지를 이야기해 보세요.

① _____

② _____

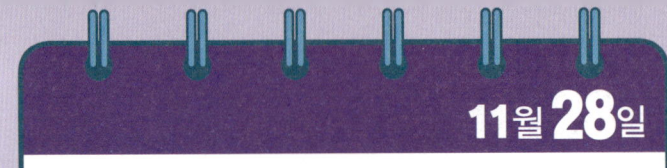

무척

다른 것과 비교할 수 없을 만큼. 매우. 아주. 대단히.

➡ **시험을 못 봐서 무척 우울해.**

오늘 한 걸음

무척 즐겁거나 속상했던 일을 이야기해 보세요.

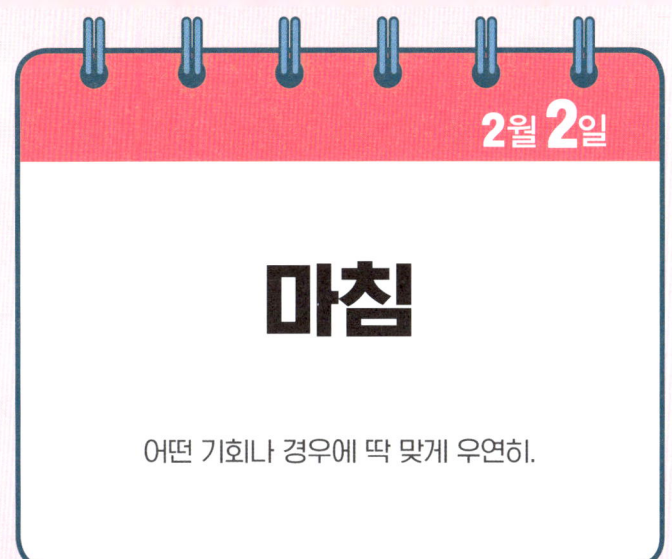

마침

어떤 기회나 경우에 딱 맞게 우연히.

➡ **마침** 비가 그쳐서 산책을 나갔어요.

'마침'을 사용하여 오늘 있었던 일을 이야기해 보세요.

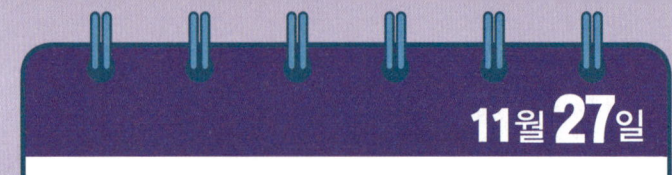

11월 27일

틀림없이

조금도 틀리거나 어긋나는 일이 없이.

내가 **틀림없이** 여기에 가방을 두었거든?

오늘 한 걸음

'틀림없이'를 사용하여 문장을 만들어 보세요.

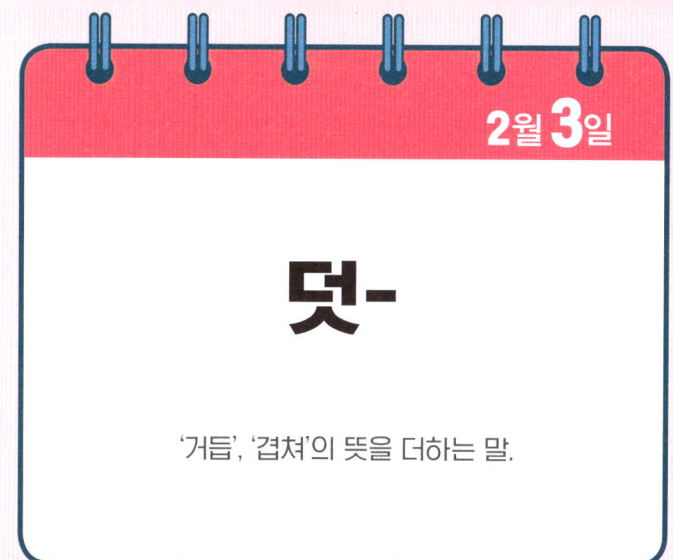

➡ 추위서 옷을 **덧**입었어요.

오늘 한 걸음

'덧-'이 붙어 만들어진 낱말을 국어사전에서 세 개 찾아보세요.

① _____   ② _____

③ _____

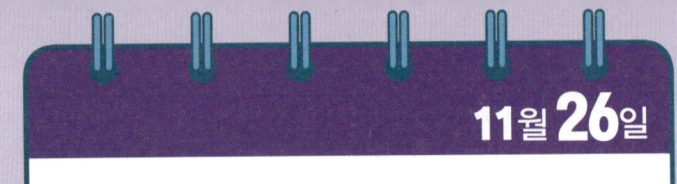

~따라

'특별한 이유 없이 평소와 다르게'의 뜻을 나타내는 말.

➡ 오늘**따라** 왜 이리 피곤하지?

오늘 한 걸음

'~따라'를 사용하여 평소와 다르게 느낀 일을 이야기해 보세요.

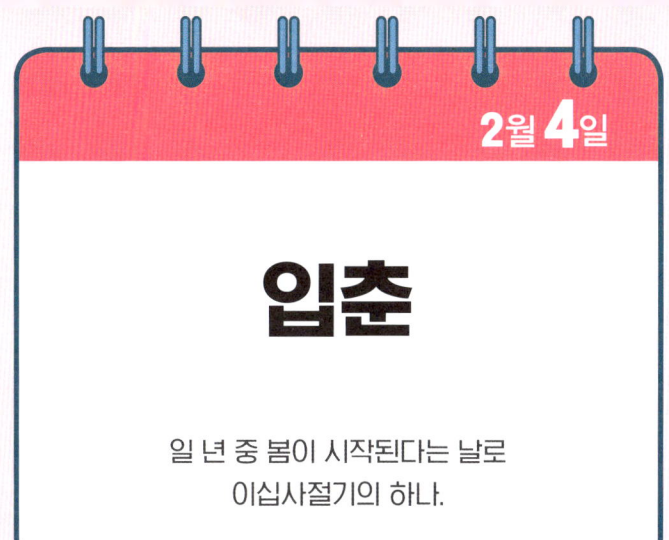

➡ **입춘**인데 왜 이렇게 춥지?

오늘 한 걸음

우리 조상들이 봄을 맞아 대문에 '입춘대길'을 써 붙인 까닭을 조사해 보세요.

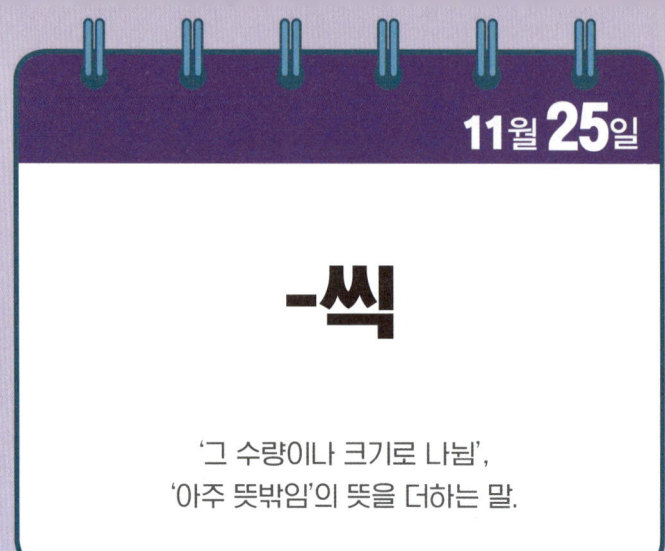

➡ 두 사람**씩** 짝을 지어 보세요.
➡ 이렇게 비싼 고기**씩**이나 사 왔어?

오늘 한 걸음

'-씩'을 사용하여 나누거나 함께하는 상황을 문장으로 만들어 보세요.

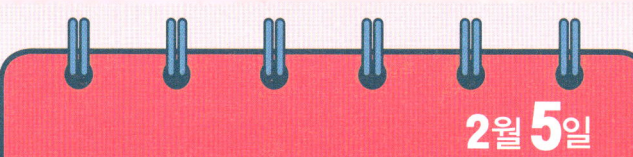

~아/야

친구나 아랫사람, 동물 등을 부를 때 쓰는 말.

➡ 바둑**아**, 이리 와.
➡ 진수**야**, 밥 먹어라.

오늘 한 걸음

'~아/야'를 사용하여 누군가를 부르는 문장을 만들어 보세요.

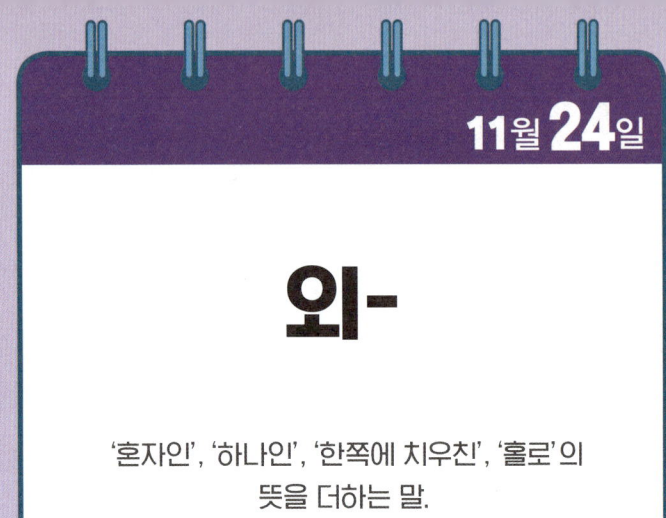

11월 24일

외-

'혼자인', '하나인', '한쪽에 치우친', '홀로'의 뜻을 더하는 말.

➡ 나는 **외**아들이다.
➡ 그 할아버지는 **외**따로 떨어진 집에 사신다.

오늘 한 걸음

'외-'가 붙어 만들어진 낱말을 국어사전에서 세 개 찾아보세요.

① _____   ② _____

③ _____

2월 6일

심지어

더욱 심하다 못해 나중에는.

➡ 그 사실을 **심지어** 우리 엄마에게도 말하지 않았다.

오늘 한 걸음

'심지어'를 사용하여 놀라운 일을 한 문장으로 만들어 보세요.

11월 23일

비교적

일정한 수준이나 보통의 것보다 꽤.

→ 내가 산 물건이 다른 것에 비해 **비교적** 싼 편이야.

오늘 한 걸음

빈칸을 채워 보세요.

오늘은 어제보다 비교적 ⋯⋯⋯⋯⋯⋯⋯⋯⋯⋯⋯⋯⋯⋯⋯⋯⋯⋯⋯⋯⋯.

2월 7일

오히려

예상이나 기대와는 전혀 다르게.
그럴 바에는 차라리.

➡ 늦을 줄 알았는데 **오히려** 빨리 도착했어.
➡ 그렇게 재미없는 영화는 **오히려** 보지 않는 게 낫지!

― 오늘 한 걸음 ―

'오히려'를 사용하여 예상과 다른 결과를 표현해 보세요.

11월 22일

소설

눈이 내리기 시작한다는 날로 이십사절기의 하나.

➜ **소설**에 첫눈이 내렸다.

오늘 한 걸음

소설의 한자 뜻을 찾아보세요.

소(小): _____   설(雪): _____

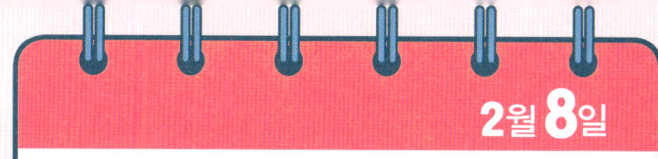

차라리

모두 마음에 들지 않지만, 그래도 이리하는 것이 나음을 나타내는 말.

➡ 이렇게 차가 밀릴 줄 알았으면 **차라리** 지하철을 탈걸!

오늘 한 걸음

'차라리'를 사용하여 어떤 것을 선택한 이유를 말해 보세요.

짜장면 vs 짬뽕

치킨 vs 피자

11월 21일

결단코

어떠한 경우에도 반드시.
어떠한 경우에도 절대로.

→ 아빠는 **결단코** 담배를 끊겠다고 하셨다.
→ **결단코** 이 일을 실패해서는 안 돼.

오늘 한 걸음

'결단코'를 사용하여 결심하는 문장을 만들어 보세요.

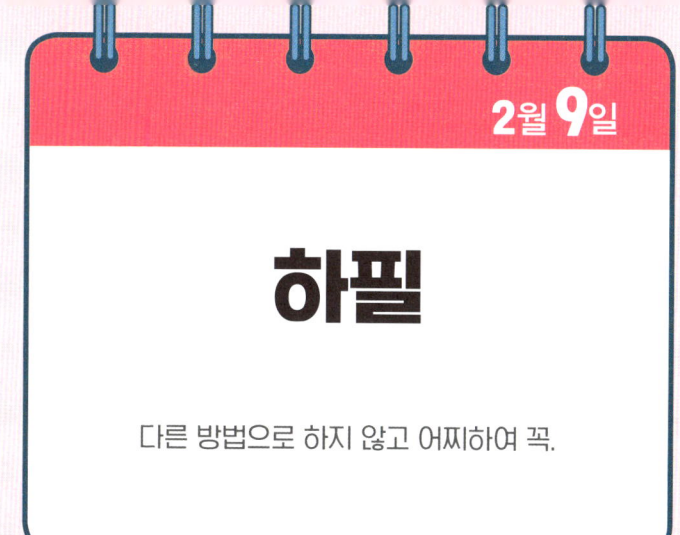

하필

다른 방법으로 하지 않고 어찌하여 꼭.

➡ 왜 **하필** 오늘같이 추운 날 밖에서 놀자는 거야?

오늘 한 걸음

'하필'을 사용하여 불평하는 뜻이 담긴 문장을 만들어 보세요.

넌지시

드러나지 않게 은근히.

➡ 짝꿍이 읽는 책이 궁금해서 **넌지시** 살펴보았다.

오늘 한 걸음

'넌지시'를 사용하여 문장을 만들어 보세요.

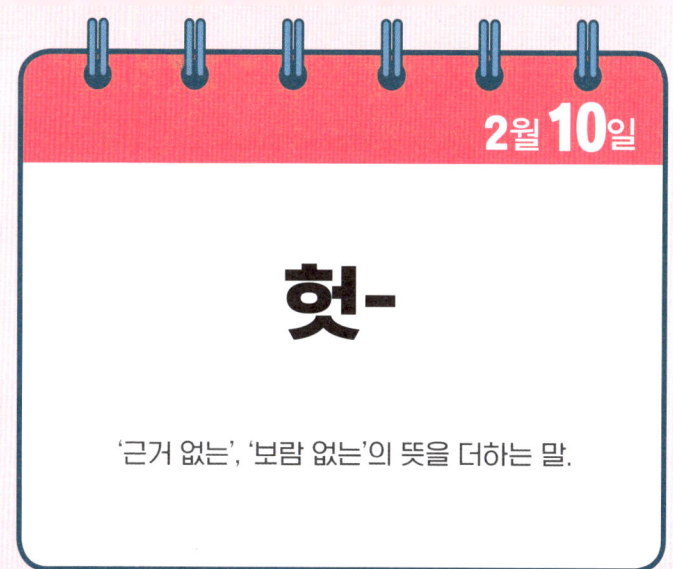

2월 10일

헛-

'근거 없는', '보람 없는'의 뜻을 더하는 말.

➡ 친구를 만나지 못하고 여러 번 **헛**걸음을 하니 화가 났다.

오늘 한 걸음

'헛-'이 붙어 만들어진 낱말을 국어사전에서 세 개 찾아보세요.

① _____   ② _____

③ _____

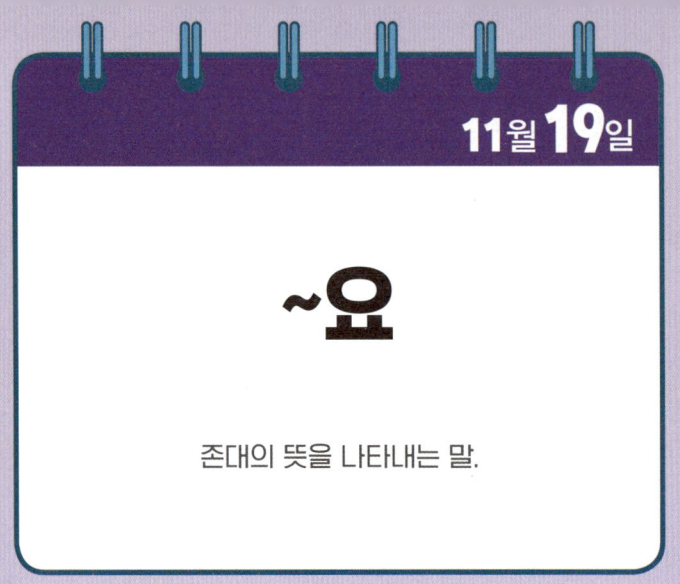

11월 19일

~요

존대의 뜻을 나타내는 말.

➡ 이따 다시 올까**요**?

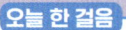

'~요'를 사용하여 존댓말 문장을 두 개 만들어 보세요.

① --

② --

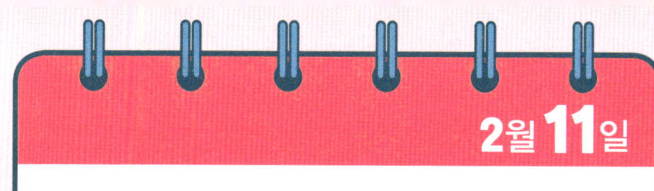

-스럽다

'그러한 성질이 있음'의 뜻을 더하는 말.

➡ 큰 상을 받아서 감격스럽다.

'-스럽다'를 붙여 새로운 낱말을 세 개 만들어 보세요.

① _____   ② _____

③ _____

-순(順)

'차례'의 뜻을 더하는 말.

➡ 버스에 선착순으로 탔다.

오늘 한 걸음

'-순'이 붙어 만들어진 낱말을 국어사전에서 세 개 찾아보세요.

① _____ ② _____

③ _____

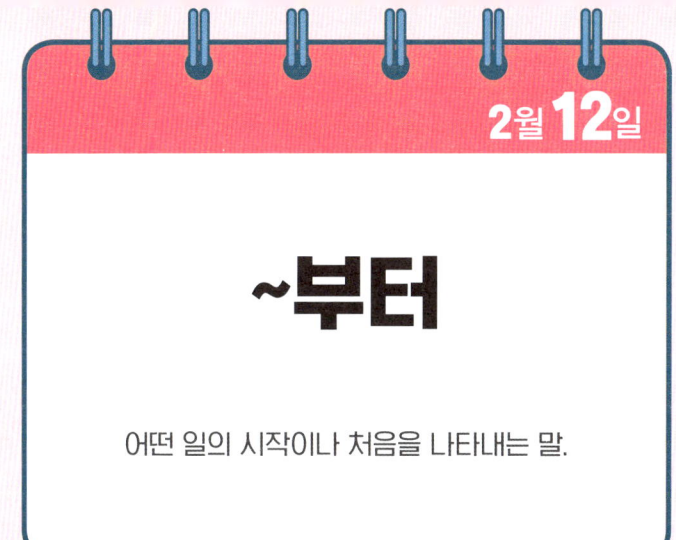

2월 12일

~부터

어떤 일의 시작이나 처음을 나타내는 말.

➡ 나는 어려서**부터** 딸기를 좋아했다.

어려서부터 좋아한 것을 세 가지 이야기해 보세요.

① _____   ② _____

③ _____

11월 **17**일

순국선열

예전에 나라를 위해 목숨을 바친 사람.

➥ **이순신 장군은 나라를 지킨 순국선열 중 한 분이다.**

오늘 한 걸음

순국선열에 관한 책을 찾아 읽어 보세요.

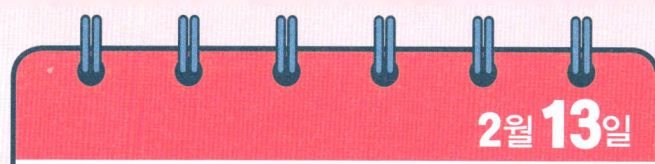

아무래도

아무리 생각해 보아도.
아무리 이리저리 해 보아도.

➡ **아무래도** 나는 춤에 소질이 있는 것 같아.

오늘 한 걸음

빈칸을 채워 보세요.

먹구름이 잔뜩 끼었어. 아무래도

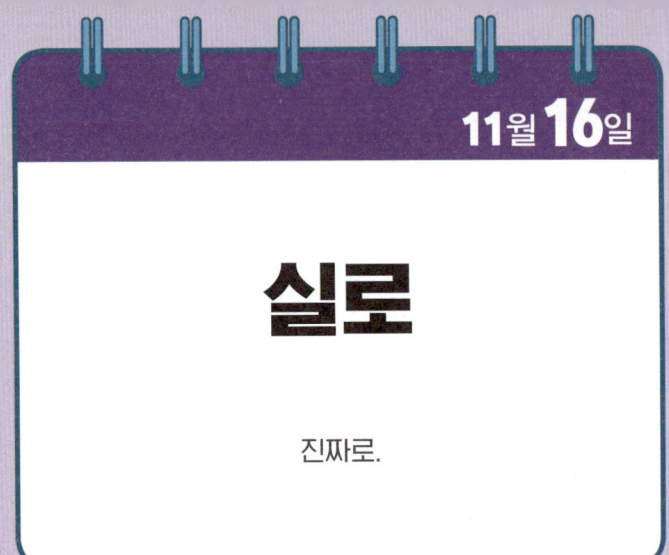

➡ 오늘은 **실로** 즐거운 날이에요.

'실로'를 사용하여 오늘 느낀 감정을 이야기해 보세요.

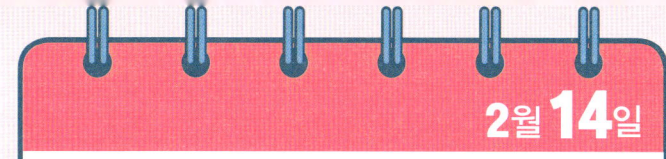

그런데

앞의 내용과 다른 방향이나 반대되는 내용을 이야기할 때 쓰는 말.

➡ 이 노래 참 좋다. 그런데 우리 저녁 뭐 먹기로 했지?

오늘 한 걸음

'그런데'를 사용하여 두 문장을 이어 보세요.

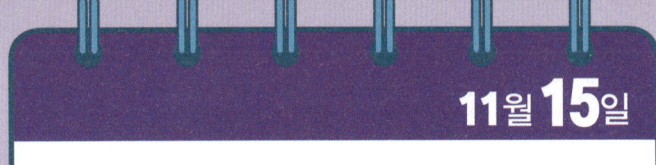

모름지기

이치를 따져 보아 마땅히.

➡ 친구끼리는 **모름지기** 서로를 도와야 하는 거야.

오늘 한 걸음

친구 사이에 모름지기 지켜야 할 예절을 떠올려 보세요.

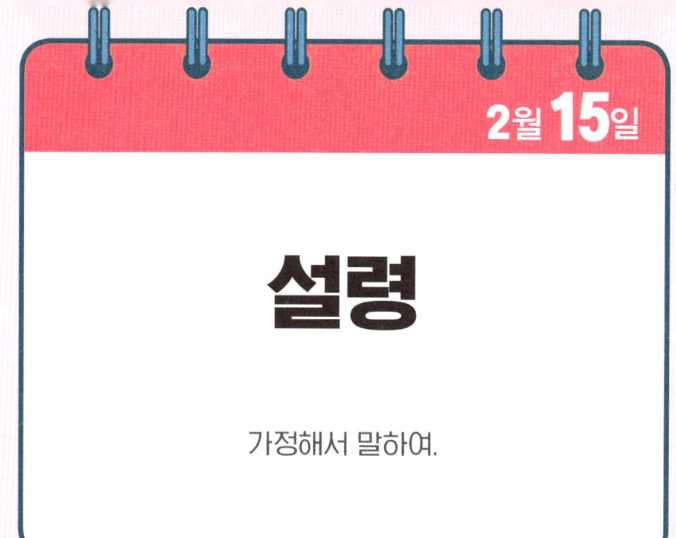

2월 **15**일

설령

가정해서 말하여.

➡ **설령** 실수더라도 잘못한 건 사과를 해야 해.

오늘 한 걸음

'설령~ 라도'를 사용하여 문장을 만들어 보세요.

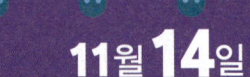

내지

대략 얼마에서 얼마까지. 그렇지 않으면.

- 3명 내지 4명 정도 우리 집에 올 거야.
- 시험 공부를 금요일 내지 토요일엔 끝내야겠어.

오늘 한 걸음

'내지'를 사용하여 문장을 만들어 보세요.

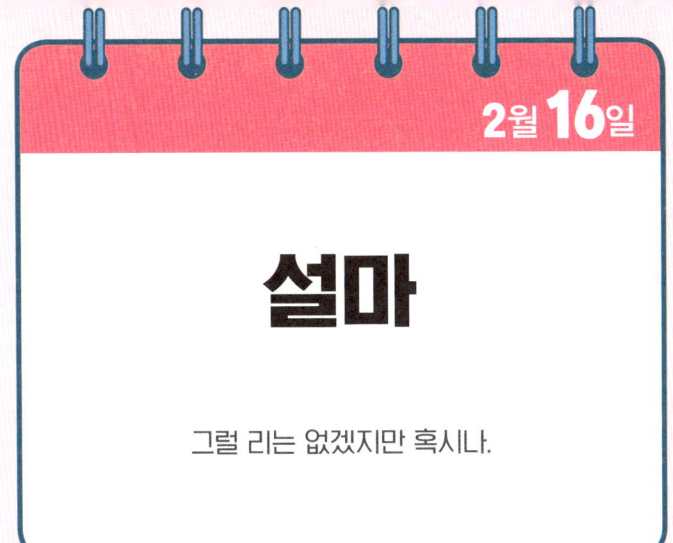

2월 **16**일

설마

그럴 리는 없겠지만 혹시나.

➡ **설마** 핸드폰을 버스에 두고 내린 건 아니지?

오늘 한 걸음

'설마가 사람 잡는다.'라는 속담의 뜻을 국어사전에서 찾아보세요.

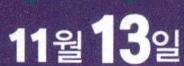

제법

상당한 수준으로. 기대했던 것보다 꽤.

➡ 오늘 날씨가 **제법** 쌀쌀한데?
➡ 노래 실력이 **제법**이야!

오늘 한 걸음

내가 제법 잘하는 일을 한 가지 떠올려 보세요.

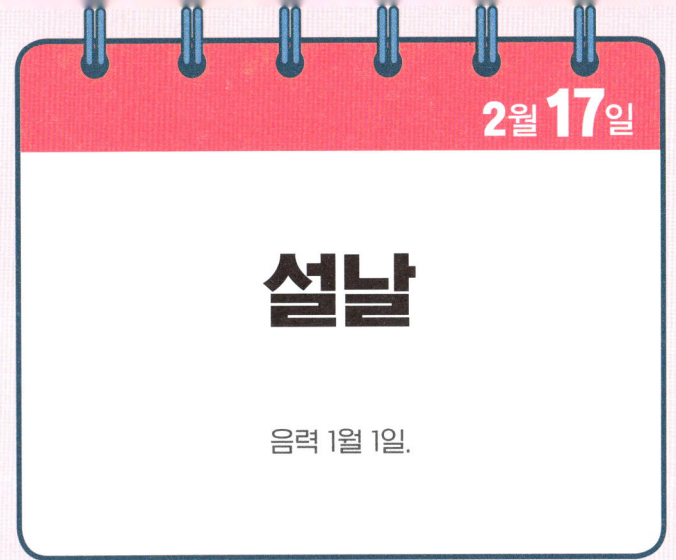

➡ **설날** 아침에 떡국을 먹었다.

설날 아침 우리 집 풍경을 그림으로 그려 보세요.

11월 12일

~(으)로

움직임의 방향이나 경로, 변화의 결과,
물건의 재료, 도구 등을 나타내는 말.

➡ 교실**로** 들어와.
➡ 꽃집이 빵집**으로** 바뀌었어.
➡ 종이는 나무**로** 만들어.

오늘 한 걸음

'~로'를 사용하여 장소나 도구를 나타내는 문장을 만들어 보세요.

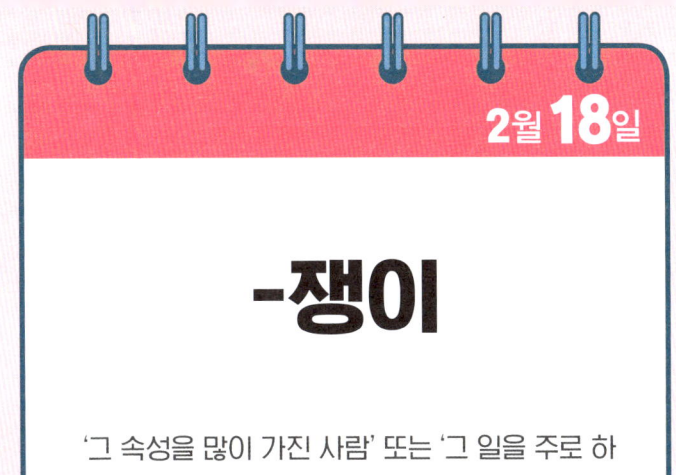

2월 18일

-쟁이

'그 속성을 많이 가진 사람' 또는 '그 일을 주로 하는 사람'의 뜻을 더하는 말.

➡ 우리 삼촌은 멋쟁이야.

오늘 한 걸음

'-쟁이'를 붙여 만든 낱말을 국어사전에서 세 개 찾아보세요.

①

②

③

11월 11일

농업

농사를 짓는 일. 또는 농사를 짓는 직업.

➡ **농업** 기술이 발달한 덕분에 과일을 사계절 내내 먹을 수 있어.

오늘 한 걸음

농사를 짓는 분들께 감사한 마음을 표현하는 편지를 써 보세요.

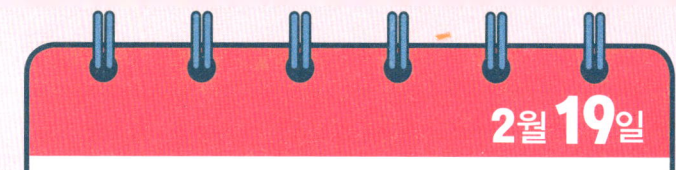

우수

겨울이 지나 비가 오고 얼음이 녹는다는 날로 이십사절기의 하나.

➡ '**우수** 경칩에 대동강 물이 풀린다.'라는 속담이 있다.

우수와 관련된 속담이나 옛 풍습을 조사해 보세요.

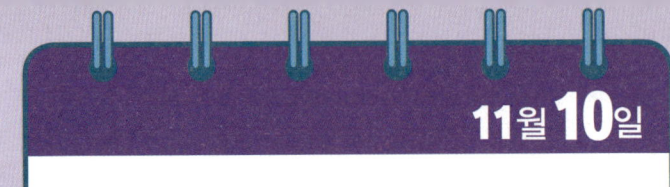

장(長)-

'긴' 또는 '오랜'의 뜻을 더하는 말.

➡ 우리는 차로 5시간이나 걸리는 지역으로 **장**거리 여행을 갔다.

오늘 한 걸음

'장-'이 붙어 만들어진 낱말을 국어사전에서 세 개 찾아보세요.

① _____   ② _____

③ _____

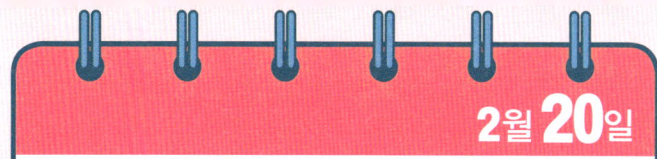

2월 20일

도대체

요점만 말하면. 유감스럽게도 전혀.
아주 궁금해서 묻는 말인데.

➡ **도대체** 이게 다 뭐야?
➡ **도대체** 기억이 안 나.
➡ **도대체** 공부는 언제 해?

오늘 한 걸음

'도대체'를 사용하여 질문하는 문장을 만들어 보세요.

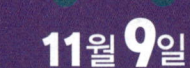

바로

곧게. 사실 그대로. 기준이나 이치에 맞게.
곧장. 아주 가까이.

- 선을 **바로** 그어.
- 전화를 **바로** 끊었어.
- **바로** 옆이야.

오늘 한 걸음

'바로'를 사용하여 문장을 만들어 보세요.

2월 21일

그러므로

앞의 내용이 뒤의 내용의
이유나 원인, 근거가 될 때 쓰는 말.

➡ 오늘 함박눈이 온종일 내렸다. **그러므로** 눈사람을 만들 수 있다.

오늘 한 걸음

'그러므로'를 사용하여 원인과 결과를 나타내는 두 문장을 이어 보세요.

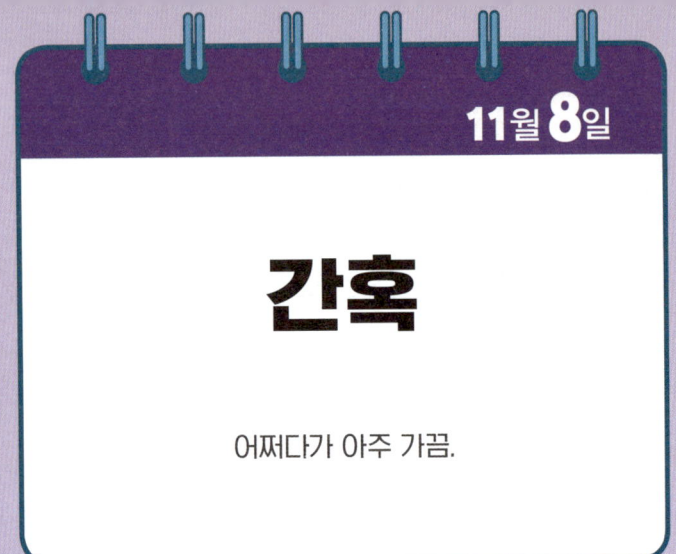

11월 8일

간혹

어쩌다가 아주 가끔.

➡ 우리 집 고양이는 간혹 내 방에서 잔다.

오늘 한 걸음

'간혹'을 사용하여 내가 가끔 하는 일을 이야기해 보세요.

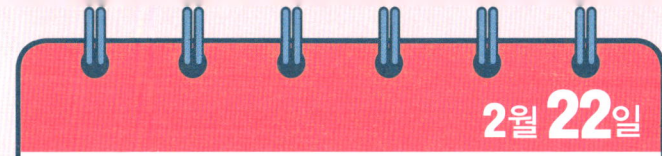

혹시

그러할 리는 없지만 만약에. 어쩌다가 우연히.
짐작대로 어쩌면.

→ **혹시** 모르니까.
→ **혹시** 보게 되면.
→ **혹시** 아픈 건 아닐까?

오늘 한 걸음

'혹시'를 사용하여 친구에게 묻고 싶은 내용을 한 문장으로 만들어 보세요.

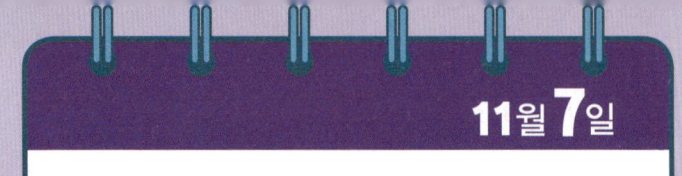

입동

일 년 중 겨울이 시작된다는 날로 이십사절기의 하나.

➡ 이제 **입동**이야. 추위질 일만 남았는걸?

오늘 한 걸음

겨울을 따뜻하게 보내는 나만의 비법을 이야기해 보세요.

아예

미리부터. 절대로. 전적으로.

- **아예** 시작도 안 했어.
- **아예** 그런 생각을 하지 않아.
- 맛만 보려고 했는데 **아예** 다 먹었어.

오늘 한 걸음

아예 하고 싶지 않은 일이나 먹고 싶지 않은 음식을 이야기해 보세요.

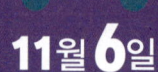
11월 6일

고이

예쁘고 아름답게. 소중하게. 평화롭게.
상태를 그대로 고스란히.

➜ 머리를 **고이** 빗었다.
➜ 선물을 **고이** 간직했다.
➜ 연필을 쓰지 않고 **고이** 보관했다.

오늘 한 걸음

'고이'를 사용하여 문장을 만들어 보세요.

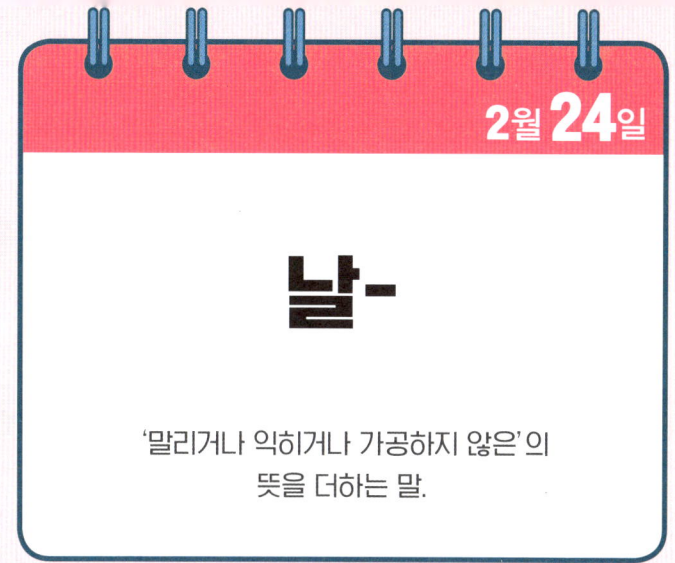

➡ 덜 익힌 스테이크는 거의 **날**고기 같았다.

오늘 한 걸음

'날-'이 붙어 만들어진 낱말을 국어사전에서 세 개 찾아보세요.

① _____   ② _____

③ _____

~에게서

어떤 행동이 시작되는 대상임을 나타내는 말.

나는 중국인에게서 중국어를 배우고 있어.

오늘 한 걸음

'~에게서'를 사용하여 무언가 배운 경험을 이야기해 보세요.

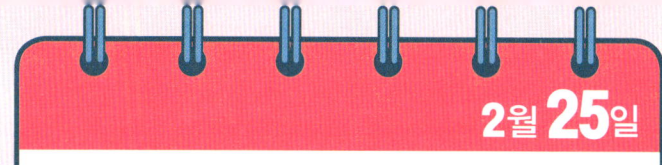

-투성이

'그것이 너무 많은 상태' 또는
'그런 상태의 사물, 사람'의 뜻을 더하는 말.

➡ 운동장에서 실컷 놀다 돌아온 아이의 바지는 흙**투성이**였다.

오늘 한 걸음

'-투성이'가 붙어 만들어진 낱말을 국어사전에서 세 개 찾아 보세요.

① 　　　　　　　　　　　②

③

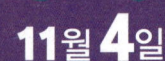 **11월 4일**

-수(手)

'그것을 직업으로 하는 사람', '선수'의 뜻을 더하는 말.

➡ 무용**수**들이 무대에 등장했다.
➡ 외야**수**가 공을 멋지게 잡았다.

오늘 한 걸음

빈칸을 채워 보세요.

운전수는 _____을/를 하는 사람이다.

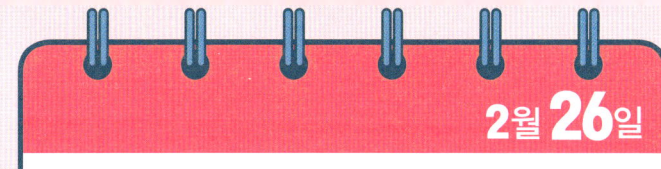

~처럼

모양이나 정도가 서로 비슷하거나 같음을 나타내는 말.

➡ **새처럼** 하늘을 날고 싶어.

오늘 한 걸음

'~처럼'을 사용하여 자신이 닮고 싶은 사람이나 동물을 표현해 보세요.

11월 3일

독립운동

나라의 독립을 이루기 위해 벌이는 여러 가지 활동.

→ 1929년 11월 3일, 광주에서 학생들의 **독립운동**이 일어났다.

오늘 한 걸음

광주 학생 독립운동에 관한 글이나 영상을 찾아보세요.

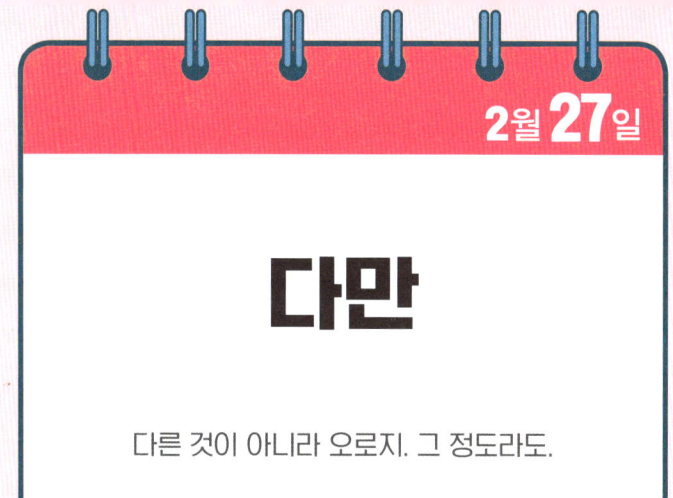

- 나는 **다만** 좀 자고 싶을 뿐이야.
- **다만** 한 마디라도 말해 봐.

오늘 한 걸음

'다만'을 사용하여 하고 싶은 일을 나타내는 문장을 만들어 보세요.

11월 2일

기어코

어떤 일이 있어도 반드시. 결국에 가서는.

➡ 누나는 하고 싶은 것은 **기어코** 해 낸다.
➡ 서로 양보하지 않더니 **기어코** 싸웠군!

오늘 한 걸음

빈칸을 채워 보세요.

나는 이번 달에 기어코 _____ 을/를 하고야 말 거야.

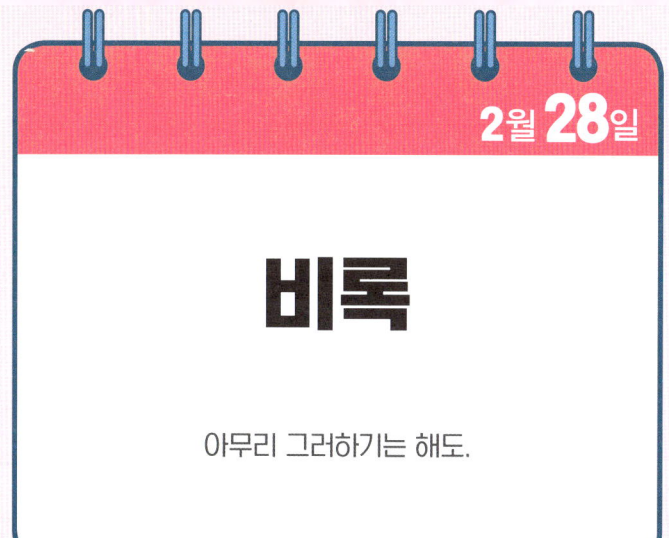

2월 28일

비록

아무리 그러하기는 해도.

➡ 주인공은 **비록** 어렸지만 어른스럽게 행동했다.

오늘 한 걸음

빈칸을 채워 보세요.

나는 비록 어리지만 _____.

당최

전혀 또는 도무지.

나는 이 문제를 당최 못 풀겠어.

오늘 한 걸음

'당최'를 사용하여 내가 전혀 못하는 일을 하나 떠올려 보세요.

3월

11월

3월 1일

3.1절

대한민국의 국경일로, 1919년 3월 1일의
삼일 운동을 기념하는 날.

➡ **TV에서 3.1절 기념 방송을 보았다.**

오늘 한 걸음

삼일 운동에 관한 책이나 글을 읽어 보세요.

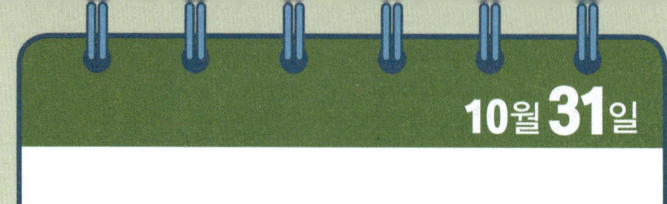

홀연히

뜻밖에 갑자기.

➡ 일주일 내내 생각하던 수학 문제를 풀 방법이 **홀연히** 생각났다.

오늘 한 걸음

'홀연히'를 사용하여 갑자기 떠오른 일을 이야기해 보세요.

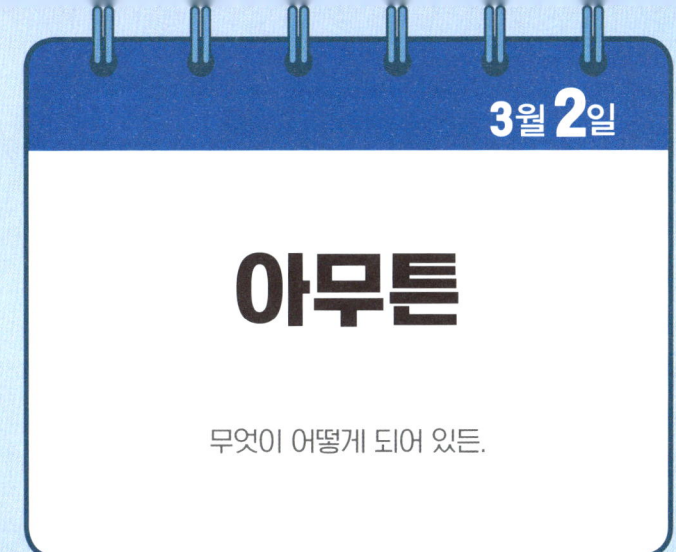

➡ 어떻게 가든지 **아무튼** 제시간에 그곳에 도착하기만 하면 된다.

오늘 한 걸음

'아무튼'을 사용하여 문장을 만들어 보세요.

장차

앞으로. 미래에.

➡ **장차** 나는 어떤 사람이 될까?

오늘 한 걸음

'장차'를 사용하여 미래에 이루고 싶은 일을 이야기해 보세요.

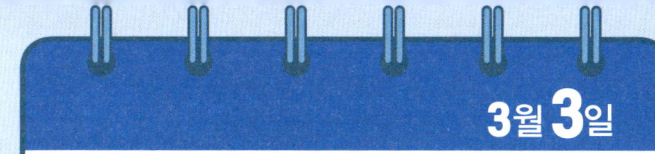

3월 3일

정월 대보름

음력 정월(1월) 보름날(15일)을 명절로 이르는 말.

➡ **정월 대보름**에 부럼을 깨물어 먹었다.

오늘 한 걸음

부럼의 뜻과 부럼을 깨물어 먹는 까닭을 조사해 보세요.

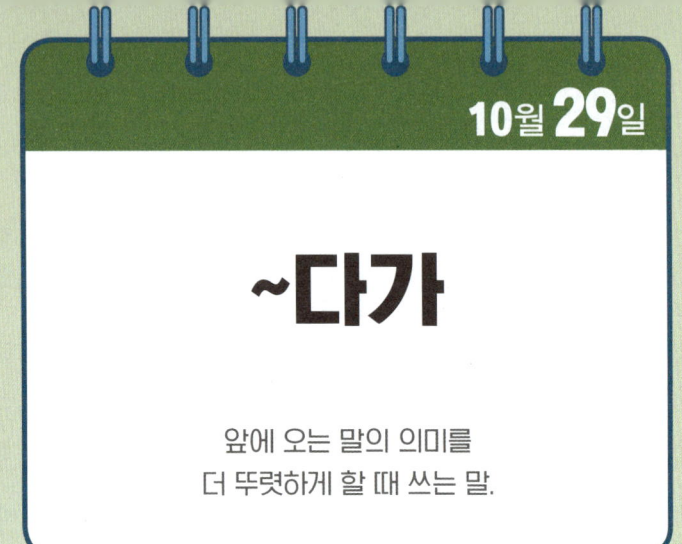

~다가

앞에 오는 말의 의미를
더 뚜렷하게 할 때 쓰는 말.

➡ 가위로**다가** 자르면 돼.
➡ 이건 어디**다가** 둘까?

오늘 한 걸음

'~다가'를 사용하여 문장을 만들어 보세요.

3월 4일

-둥이

'그러한 성질이 있거나 그와 관련이 있는 사람'의 뜻을 더하는 말.

➡ 내 동생은 귀염**둥이**다.

'해방둥이'의 뜻을 예상해 보고, 국어사전에서 찾아보세요.

-뻘

'그런 관계'의 뜻을 더하는 말.

➡ **선생님은 우리 삼촌뻘 나이이다.**

오늘 한 걸음

'-뻘'이 붙어 만들어진 낱말을 국어사전에서 세 개 찾아보세요.

① _____   ② _____

③ _____

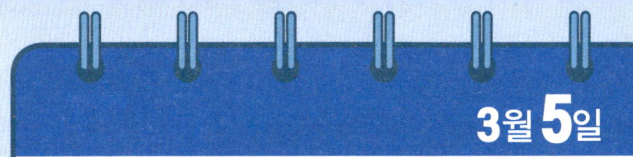

경칩

겨울잠을 자던 개구리가 깨어 꿈틀거리기 시작한다는 시기로, 이십사절기의 하나.

➡ **경칩**이 가까워 오니 날씨도 따뜻해진다.

오늘 한 걸음

오늘 우리 지역의 최고(가장 높은) 기온을 일기 예보에서 찾아 보세요.

_____ ℃

무(無)-

'그것이 없음'의 뜻을 더하는 말.

> 내 친구는 공부에 **무**관심하다.

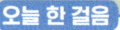

'무-'가 붙어 만들어진 낱말을 국어사전에서 세 개 찾아보세요.

① _____   ② _____

③ _____

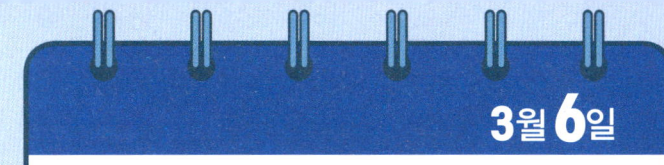

마냥

언제까지나 계속하여. 부족함이 없이 실컷. 몹시.

➡ **마냥** 걸었다.
➡ **마냥** 웃었다.
➡ **마냥** 행복하다.

오늘 한 걸음

오늘 마냥 하고 싶은 일을 한 가지 이야기해 보세요.

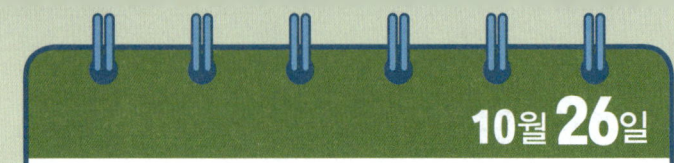

10월 26일

하지만

내용이 서로 반대인 두 개의 문장을 이어 줄 때 쓰는 말.

➡ 나는 수학을 잘한다. 하지만 영어는 못한다.

오늘 한 걸음

'하지만'을 사용하여 반대되는 내용이 담긴 두 문장을 이어 보세요.

3월 7일

결코

어떤 일이나 경우에도 절대로.

➡ 주사 맞을 때 **결코** 울지 않을 거야!

오늘 한 걸음

'결코'를 사용하여 결심하는 문장을 만들어 보세요.

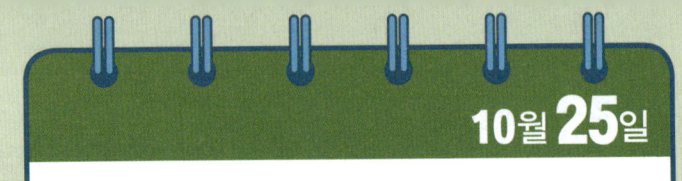

도로

향해 가던 쪽의 반대로. 원래와 같은 상태로.

➡ 준비물을 안 가져와서 **도로** 집에 갔다.
➡ 쓴 물건은 제자리에 **도로** 갖다 놔.

오늘 한 걸음

'도로'를 사용하여 문장을 만들어 보세요.

3월 8일

드디어

기다리던 것이 끝내. 결국에 가서.

➡ **드디어** 수업이 끝났다.

오늘 한 걸음

'드디어'를 사용하여 이루어지길 바라는 일을 이야기해 보세요.

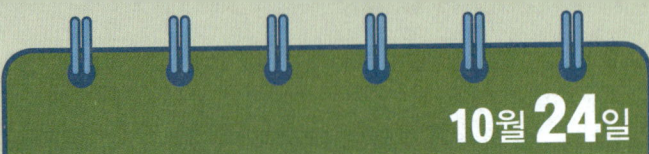

10월 **24**일

국제 연합
(United Nations)

국가 간의 평화와 안전의 유지, 협력을 위해 만든 국제 평화 기구.

➡ **국제 연합**일은 평화와 안전을 목표로 **국제 연합**(UN)이 창설된 것을 기념하는 날이다.

국제 연합(UN)이 언제 어떻게 만들어졌는지 조사해 보세요.

3월 9일

모처럼

벼르고 별러서 처음으로. 가까스로.
아주 오래간만에.

- **모처럼** 발표할 마음을 먹었다.
- **모처럼** 삼촌이 우리 집에 오셨어.

오늘 한 걸음

'모처럼'을 사용하여 오랜만에 하고 싶은 일을 이야기해 보세요.

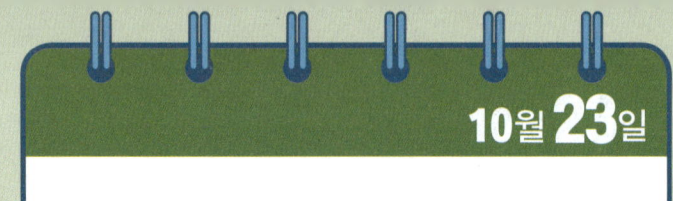

10월 23일

상강

서리가 내리기 시작한다는 날로 이십사절기의 하나.

→ **상강**은 날씨는 쾌청하지만 밤의 기온이 매우 낮아지는 때이다.

오늘 한 걸음

오늘 우리 지역의 최저(가장 낮은) 기온을 일기 예보에서 찾아 보세요.

_____ ℃

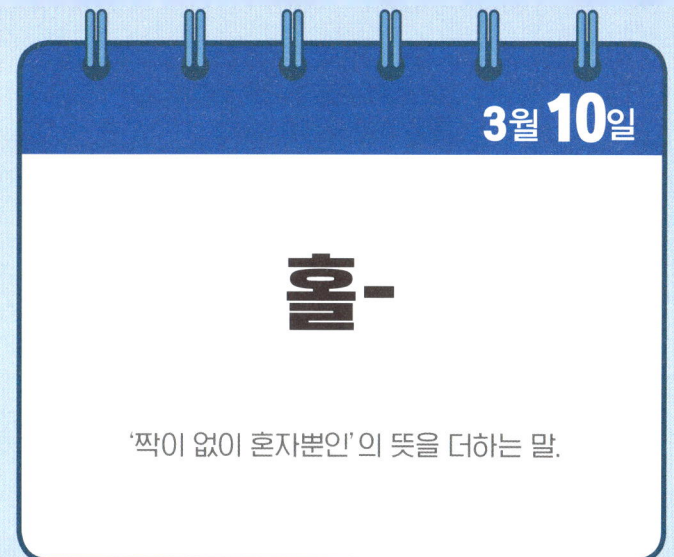

한석봉은 **홀**어머니와 살았다.

'홀-'이 붙어 만들어진 낱말을 국어사전에서 세 개 찾아보세요.

① _____ ② _____

③ _____

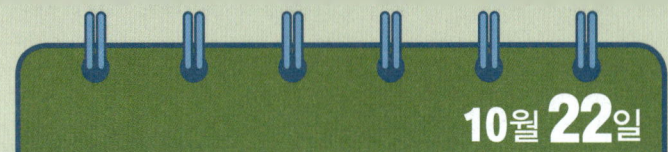

~치고

빠짐없이 다 그렇다는 뜻을 나타내는 말.
예외적으로 다르다는 뜻을 나타내는 말.

➡ 우리 학교 학생**치고** 윤건이를 모르는 사람은 없다.
➡ 외국인**치고** 한국말을 아주 잘하는데?

오늘 한 걸음

'~치고'를 사용하여 문장을 만들어 보세요.

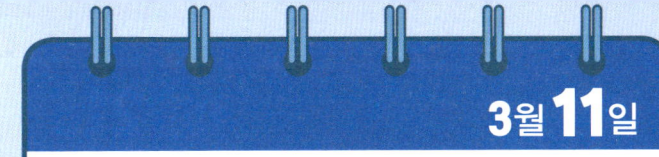

-답다

'성질이 있음', '특성이나 자격이 있음'의 뜻을 더하는 말.

➡ 내 친구는 참 정답다.
➡ 그분은 정말 선생님답다.

오늘 한 걸음

'-답다'를 사용하여 나를 표현해 보세요.
(예: 나는 학생답게 교칙을 잘 지킨다.)

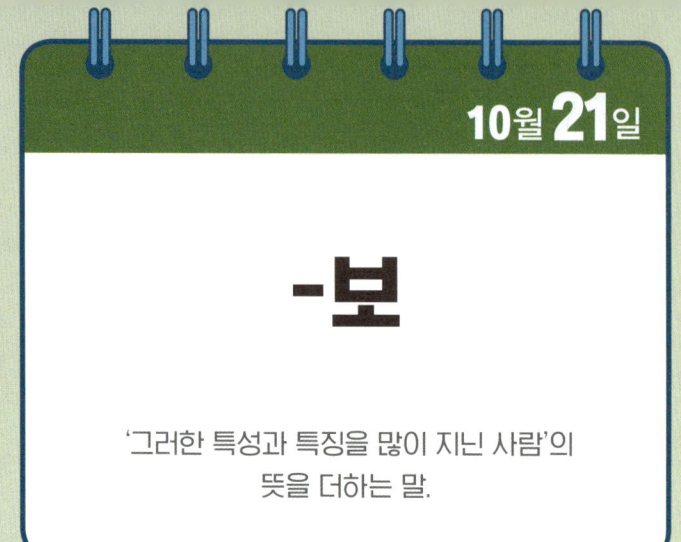

-보

'그러한 특성과 특징을 많이 지닌 사람'의 뜻을 더하는 말.

➡ 동생은 툭하면 우는 울**보**다.

'-보'가 붙어 만들어진 낱말을 국어사전에서 세 개 찾아보세요.

① _____   ② _____

③ _____

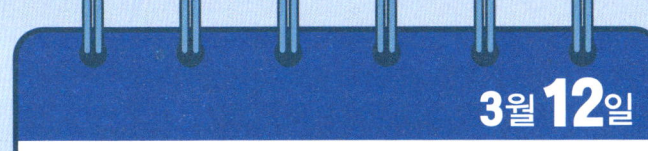

~에서

장소, 출발점, 출처 등의 뜻을 나타내는 말.

➡ 운동장에서 놀았다.
➡ 학교에서 집으로 간다.
➡ 뉴스에서 봤다.

오늘 한 걸음

'~에서'를 사용하여 오늘 한 일을 이야기해 보세요.

10월 20일

엿-

'몰래'의 뜻을 더하는 말.

➡ 나는 친구 둘이 소곤소곤 이야기하는 걸 **엿**들었다.

오늘 한 걸음

'엿-'이 붙어 만들어진 낱말을 국어사전에서 세 개 찾아보세요.

① _____   ② _____

③ _____

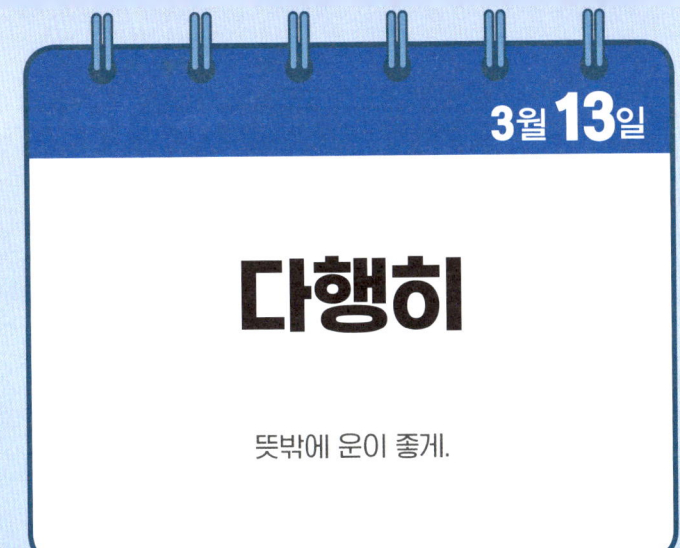

3월 **13**일

다행히

뜻밖에 운이 좋게.

➡ **다행히** 친구랑 화해했다.

오늘 한 걸음

다행히 일이 잘 해결된 경험을 떠올려 보세요.

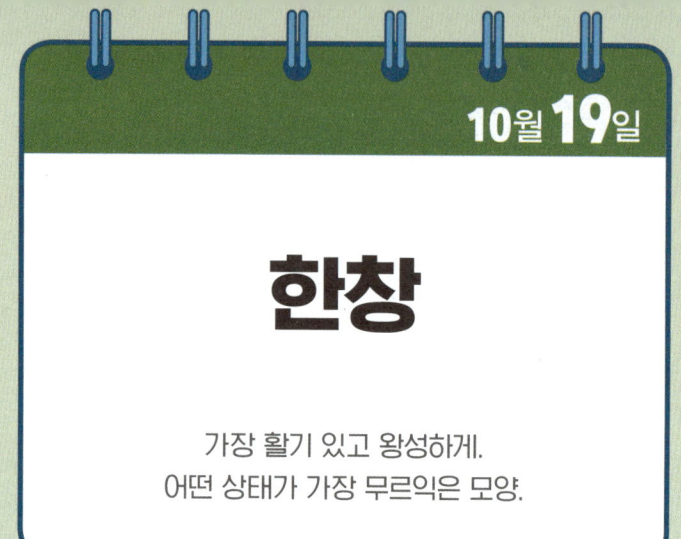

10월 19일

한창

가장 활기 있고 왕성하게.
어떤 상태가 가장 무르익은 모양.

→ **한창** 재미나게 노는데 친구가 가 버렸다.
→ 들판에 꽃이 **한창** 피어 있다.

오늘 한 걸음

'한창'을 사용하여 즐거웠던 때를 이야기해 보세요.

3월 14일

그만

그 정도까지만. 바로. 그 정도로 하고.

→ 배불러서 그만 먹을래.

→ 그 순간 그만 손을 놓쳤다.

→ 오늘은 그만 하자.

오늘 한 걸음

'그만'을 사용하여 고치고 싶은 습관에 대해 이야기해 보세요.

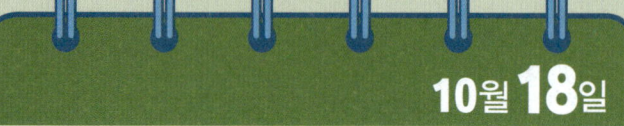

제대로

올바른 기준대로. 마음먹은 대로. 알맞은 정도로.
원래 상태 그대로.

- ➡ 수업을 **제대로** 들을 거야.
- ➡ 목소리가 **제대로** 안 나와.
- ➡ **제대로** 고쳐 놔.

오늘 한 걸음

'제대로'를 사용하여 문장을 만들어 보세요.

3월 15일

왠지

왜 그런지 모르게.

➡ **오늘은 왠지 책을 더 읽고 싶다.**

오늘 한 걸음

빈칸에 들어갈 알맞은 말을 골라 보세요.

오늘 _____ 느낌이 좋아.

① 왠지　　　　　② 웬지

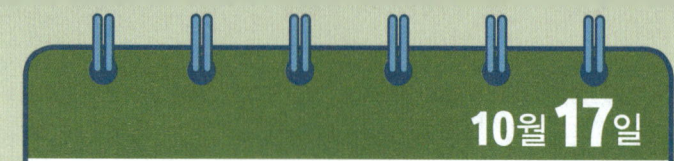

10월 17일

꼬박

어떤 일을 하는 데 걸리는 시간이 모두 그대로.

➡ **꼬박** 세 시간이나 공부를 했어.

오늘 한 걸음

'꼬박'을 사용하여 오랜 시간을 들여 한 일을 이야기해 보세요.

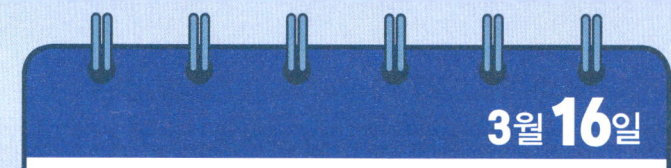

하물며

앞의 것보다 뒤의 것이 더 그렇다는 뜻을 나타내는 말.

➡ 뺄셈도 못하는 친구가 하물며 나눗셈을 잘 할 수 있을까?

오늘 한 걸음

'하물며'를 사용하여 문장을 만들어 보세요.

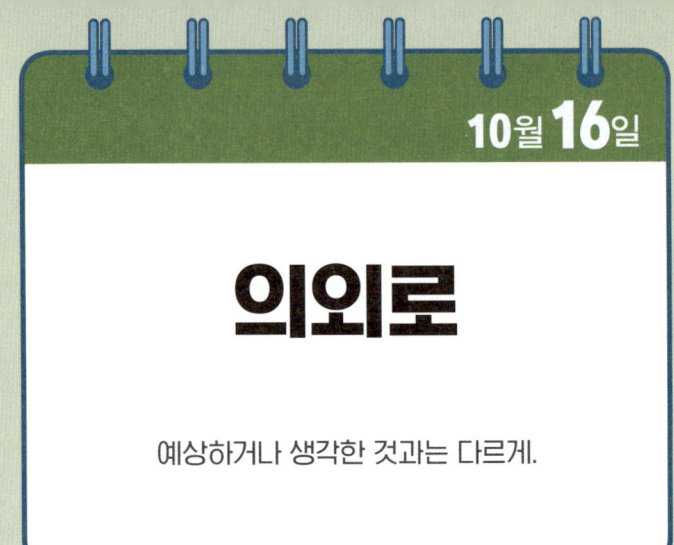

➡ 이 문제는 **의외로** 간단히 풀렸어.

오늘 한 걸음

'의외로'를 사용하여 뜻밖의 경험을 이야기해 보세요.

3월 17일

들-

'야생으로 자라는', '마구, 몹시'의 뜻을 더하는 말.

→ **들**개들이 몰려 다녀서 무서워.
→ 모기떼가 **들**끓어서 잠을 못 잤어.

오늘 한 걸음

'들-'이 붙어 만들어진 낱말을 국어사전에서 세 개 찾아보세요.

①　　　　　　　　　　②

③

10월 15일

~이나마

썩 마음에 들지 않거나 부족한 조건이지만 아쉬운 대로 인정함을 나타내는 말.

➡ **조금이나마 도움이 되고 싶어.**

오늘 한 걸음

'~이나마'를 사용하여 아쉬움을 나타내는 문장을 만들어 보세요.

3월 18일

-질

'도구를 가지고 하는 일', '신체 부위를 이용한 행동'의 뜻을 더하는 말.

➡ 선을 따라 가위질을 했어.
➡ 그렇게 손가락질을 하면 안돼.

오늘 한 걸음

'-질'에 도구나 신체 부위가 붙어 만들어진 낱말을 국어사전에서 세 개 찾아 보세요.

① _____   ② _____

③ _____

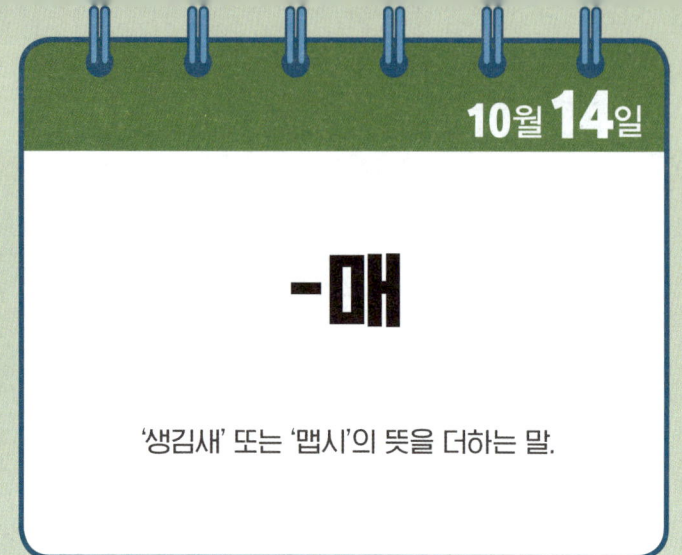

10월 14일

-매

'생김새' 또는 '맵시'의 뜻을 더하는 말.

➡ 우리 엄마는 눈**매**가 예쁘다.

오늘 한 걸음

'-매'가 붙어 만들어진 낱말을 국어사전에서 세 개 찾아보세요.

① _____   ② _____

③ _____

3월 19일

~마저

그것도 함께 더해서.

➡ 비가 오는데다 바람마저 불어서 옷이 다 젖었어.

오늘 한 걸음

'~마저'를 사용하여 문장을 만들어 보세요.

맹(猛)-

'정도가 매우 심한'의 뜻을 더하는 말.

➡ 내가 이번 경기에서 골도 넣고, 수비도 잘 하고. 그야말로 맹활약을 했다니까.

오늘 한 걸음

'맹-'이 붙어 만들어진 낱말을 국어사전에서 세 개 찾아보세요.

①

②

③

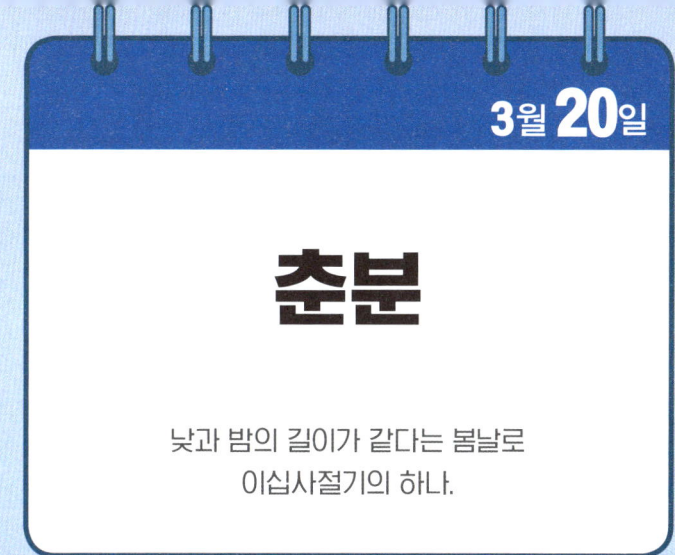

3월 20일

춘분

낮과 밤의 길이가 같다는 봄날로 이십사절기의 하나.

➡ **춘분**에는 밤과 낮의 길이가 같다.

오늘 해가 뜬 시각과 해가 진 시각을 조사해 보세요.

고스란히

조금도 줄어들거나 변한 것 없이
원래의 상태 그대로.

➡ 우산이 없어서 **고스란히** 비를 다 맞았지 뭐야?

오늘 한 걸음

'고스란히'를 사용하여 경험했던 일을 이야기해 보세요.

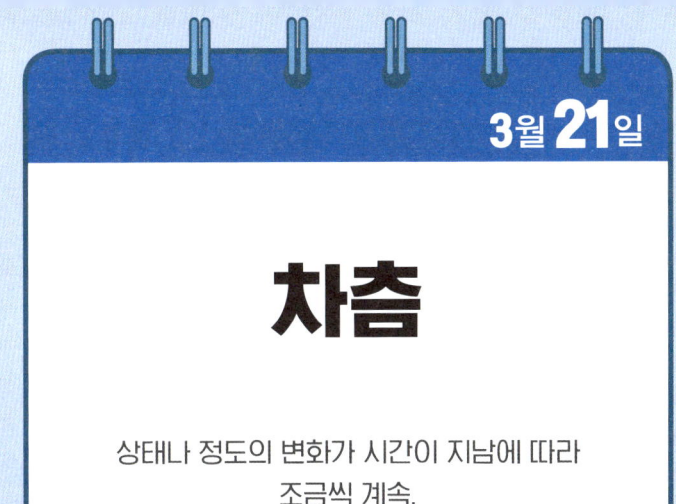

3월 21일

차츰

상태나 정도의 변화가 시간이 지남에 따라 조금씩 계속.

➡ 날씨가 **차츰** 따뜻해진다.

'차츰'을 사용하여 변화하는 모습이나 상황을 설명해 보세요.

수시로

아무 때나 자주.

→ 친구는 수시로 나한테 메시지를 보낸다.

오늘 한 걸음

'수시로'를 사용하여 자주 하는 일을 이야기해 보세요.

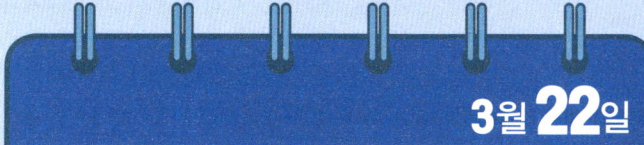

일찍이

평소 시간보다 이르게. 예전에. 이전까지.

- 우리는 **일찍이** 출발했다.
- **일찍이** 느껴 보지 못한 감동을 받았다.

오늘 한 걸음

'일찍이'를 사용하여 문장을 만들어 보세요.

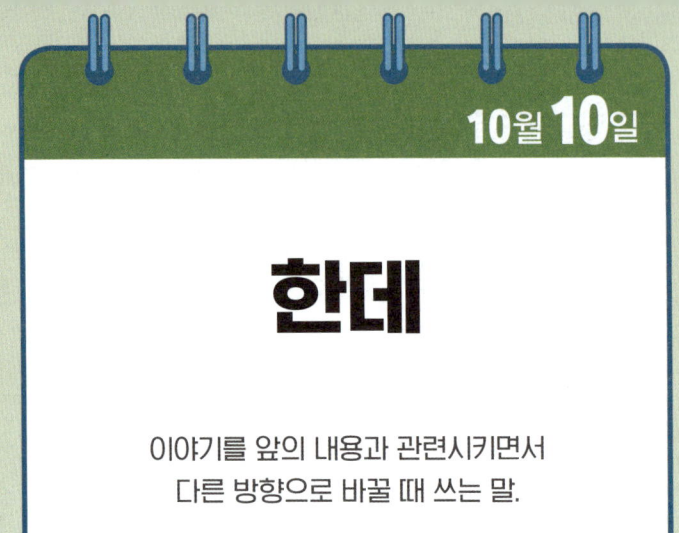

한데

이야기를 앞의 내용과 관련시키면서 다른 방향으로 바꿀 때 쓰는 말.

➡ 눈이 많이 와서 길이 밀리는군. **한데** 보기엔 참 예쁘네.

오늘 한 걸음

'한데'를 사용하여 말과 말을 이어 보세요.

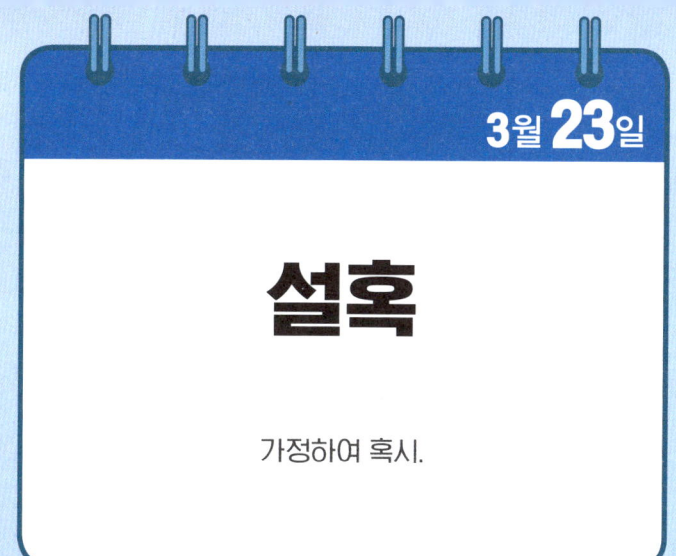

3월 23일

설혹

가정하여 혹시.

→ **설혹** 비가 오더라도 나는 운동장에서 축구를 할 거야.

오늘 한 걸음

빈칸을 채워 보세요.

설혹 친구가 반대하더라도 나는

한글날

세종 대왕이 훈민정음을 만들고 널리 알린 것을 기념하는 국경일.

➡ **한글날**에 태극기를 달았어요.

오늘 한 걸음

내가 가장 좋아하는 낱말을 쓰고 이유를 이야기해 보세요.

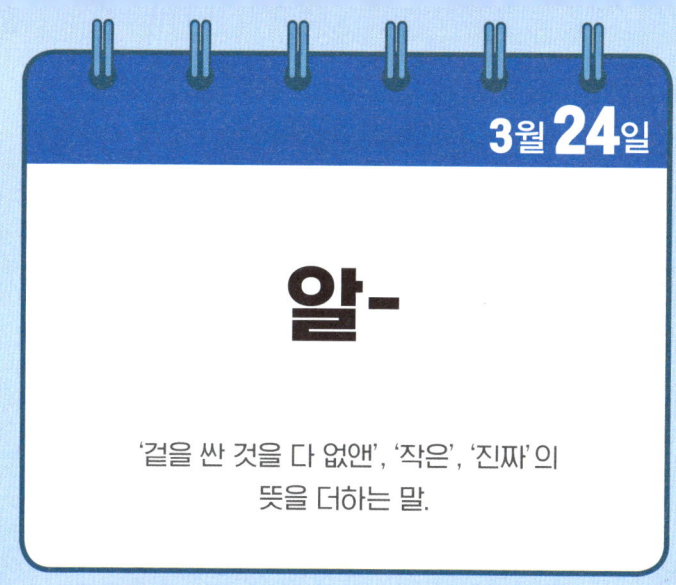

3월 24일

알-

'겉을 싼 것을 다 없앤', '작은', '진짜'의 뜻을 더하는 말.

➡ **알**밤
➡ **알**항아리
➡ **알**부자

오늘 한 걸음

'알-'이 붙어 만들어진 낱말을 국어사전에서 세 개 찾아보세요.

① _____   ② _____

③ _____

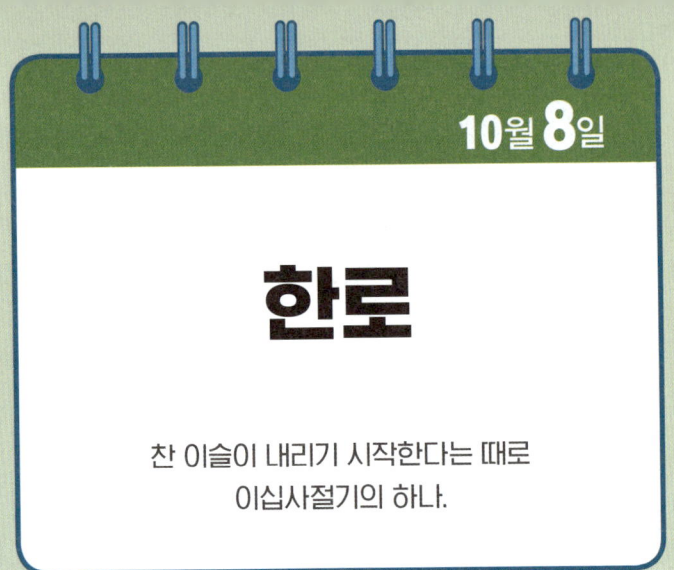

10월 8일

한로

찬 이슬이 내리기 시작한다는 때로
이십사절기의 하나.

➡ **한로**는 늦가을에서 초겨울 무렵까지의
이슬을 뜻하기도 해요.

―― 오늘 한 걸음 ――

한로 무렵의 옷차림을 그림으로 그려 보세요.

3월 25일

-거리다

'그런 상태가 잇따라 계속됨'의 뜻을 더하는 말.

➡ 별이 반짝거렸다.

오늘 한 걸음

'-거리다'가 붙어 만들어진 낱말을 국어사전에서 세 개 찾아보세요.

① _____   ② _____

③ _____

10월 7일

-맡

'가까운 곳'의 뜻을 더하는 말.

➡ 할머니는 머리**맡**에 물잔을 두고 주무세요.

오늘 한 걸음

'-맡'이 붙어 만들어진 낱말을 국어사전에서 세 개 찾아보세요.

① _____   ② _____

③ _____

3월 26일

~에게

소속이나 위치 또는 대상임을 나타내는 말.

- **나에게** 시간이 더 있었으면 좋았을걸.
- **가족에게** 고맙다고 말했다.
- **친구에게** 선물을 받았어.

오늘 한 걸음

빈칸을 채워 보세요.

_____에게 고맙다는 말을 꼭 하고 싶다.

얼-

'덜된', '모자라는', '어중간한', '분명하지 못하게', '대충'의 뜻을 더하는 말.

→ 이런 **얼**간 녀석!
→ 그렇게 **얼**버무리지 말고 똑바로 얘기해 봐.

오늘 한 걸음

'얼-'이 붙어 만들어진 낱말을 국어사전에서 세 개 찾아보세요.

①

②

③

한편

앞에서 말한 측면과는 다른 측면을 말할 때 쓰는 말.

➡ 꽃들이 참 예쁜 **한편** 꽃가루 알레르기로 힘들어할 형이 걱정되었다.

오늘 한 걸음

'한편'을 사용하여 같은 상황에서 다른 생각을 덧붙여 보세요.

제발

간절히 부탁하는데.

➡ **제발** 내 말 좀 믿어 줘.

오늘 한 걸음

'제발'을 사용하여 부탁하는 문장을 만들어 보세요.

간신히

힘들게 겨우.

➡ **시험에 간신히 통과했다.**

오늘 한 걸음

'간신히'를 사용하여 힘들었지만 결국 해낸 일을 이야기해 보세요.

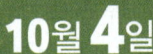

과연

생각대로 정말로. 결과에 있어서도 참으로.

➡ 듣던 대로 과연 멋진 곳이구나.
➡ 이 방법이 과연 효과가 있을까?

오늘 한 걸음

'과연'을 사용하여 놀라운 일을 이야기해 보세요.

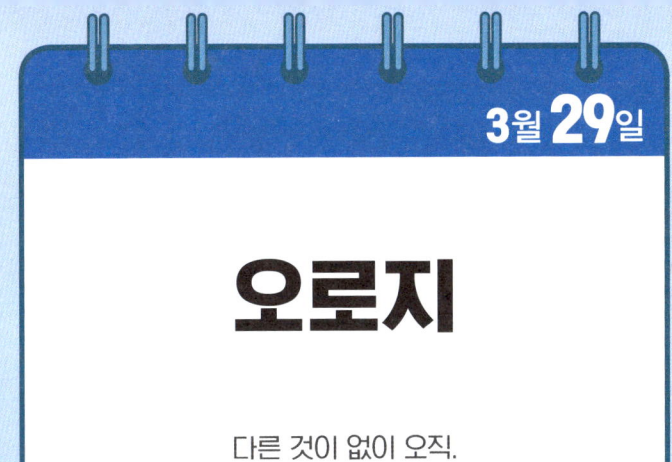

3월 29일

오로지

다른 것이 없이 오직.

➡ 맛있다고 소문난 이 식당의 메뉴는 **오로지** 김치찌개 하나뿐이야.

오늘 한 걸음

'오로지'를 사용하여 좋아하는 것을 이야기해 보세요.

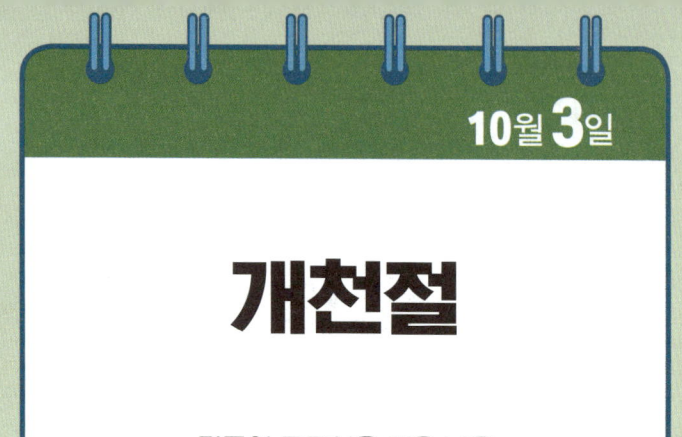

10월 3일

개천절

단군이 고조선을 세운 날을
기념하기 위한 국경일.

➡ **개천절**은 기원전 2333년에 단군이 나라를
세운 것을 기념하는 날이에요.

오늘 한 걸음

우리나라가 처음 세워진 이야기를 찾아 읽어 보세요.

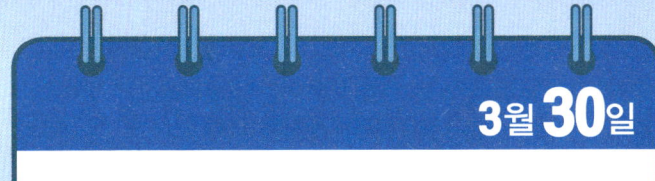

3월 30일

그나저나

그것은 그렇다 치고.

➡ 엄마: 오늘 받아쓰기 잘 했어?
아이: 네. **그나저나** 동생은 어디 갔어요?

오늘 한 걸음

'그나저나'를 사용하여 대화를 만들어 보세요.

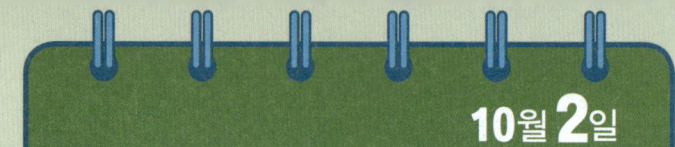

10월 2일

비로소

이제까지는 아니던 것이 어떤 일이 있고 난 다음이 되어서야.

➡ 동생은 혼나고 나서야 **비로소** 숙제를 하기 시작했다.

오늘 한 걸음

'비로소'를 사용하여 시간이 지나서야 알게 된 일을 이야기해 보세요.

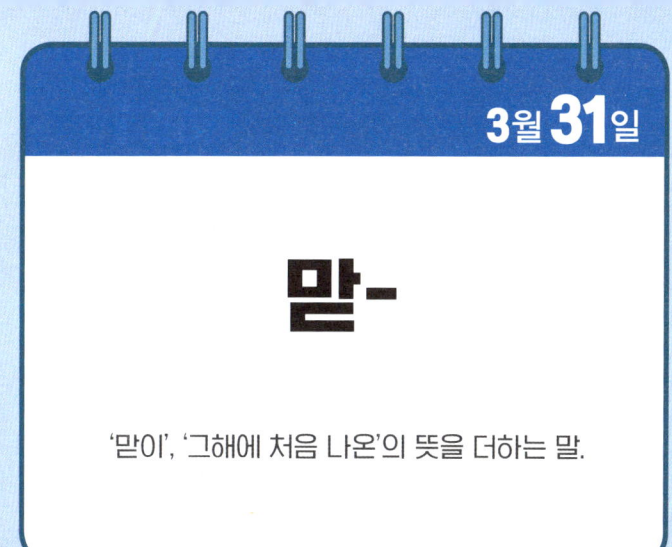

3월 31일

맏-

'맏이', '그해에 처음 나온'의 뜻을 더하는 말.

➡ 나는 **맏**딸이다.
➡ 할머니께서 **맏**나물을 뜯어 오셨다.

오늘 한 걸음

'맏-'이 붙어 만들어진 낱말을 국어사전에서 세 개 찾아보세요.

① _____   ② _____

③ _____

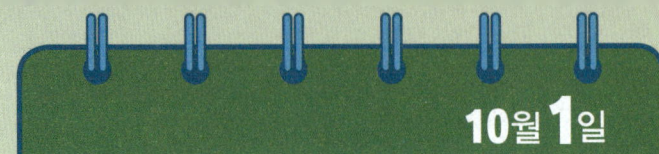

10월 1일

국군의 날

우리나라 군대의 창설과 발전을 기념하는 날.

➡ **매년 국군의 날에는 다양한 기념행사가 열려요.**

오늘 한 걸음

'국군' 하면 떠오르는 모습을 그림이나 글로 표현해 보세요.

4월

10월

-장이

'그것과 관련된 기술을 가진 사람'의
뜻을 더하는 말.

➡ **옹기장이**
➡ **미장이**
➡ **양복장이**

오늘 한 걸음

'대장장이'는 어떤 기술을 가진 사람인지 예상해 보고, 국어 사전에서 뜻을 찾아보세요.

 9월 **30**일

-맞이

어떠한 날이나 일, 사람, 사물 등을
맞는다는 뜻을 더하는 말.

➡ 추석 때 달**맞이**를 했던 게 생각난다.

오늘 한 걸음

'-맞이'가 붙어 만들어진 낱말을 국어사전에서 세 개 찾아보세요.

① _____   ② _____

③ _____

~같이

앞말과 비슷함을 나타내거나 앞말이 나타내는 때를 강조하는 말.

- **번개같이** 달려갔다.
- **새벽같이** 일어나 운동을 했다.

오늘 한 걸음

'~같이'를 사용하여 문장을 만들어 보세요.

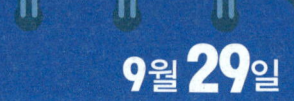

암-

'새끼를 밸 수 있는', '열매를 맺을 수 있는', '오목한 형태를 가진'의 뜻을 더하는 말.

➡ **암**사자들은 큰 먹이를 함께 사냥한다.
➡ 아저씨는 수나사를 **암**나사에 끼워 드라이버로 조였다.

오늘 한 걸음

'암-'이 붙어 만들어진 낱말을 국어사전에서 세 개 찾아보세요.

① _____   ② _____

③ _____

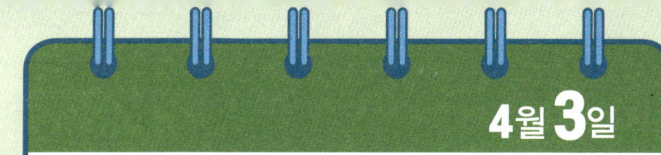

4월 3일

추념

지나간 일을 돌이켜 생각함. 죽은 사람을 생각함.

➡ 4월 3일은 제주 4.3 사건의 희생자를 **추념**하는 날이다.

오늘 한 걸음

제주4.3평화기념관 누리집을 살펴보세요.

시시때때로

'때때로'를 강조하는 말.

➡ 그 친구는 **시시때때로** 마음이 바뀌어서 같이 못 놀겠어.

오늘 한 걸음

'시시때때로'를 사용하여 자주 바뀌는 일을 이야기해 보세요.

4월 4일

결국

일의 결과로. 모든 상황을 다 고려하면.

→ 공부를 안 했더니 **결국** 성적이 떨어졌다.
→ **결국** 나를 좋아해서 놀린 거였어?

'결국'을 사용하여 내가 해낸 일이나 하고 싶은 일을 이야기해 보세요.

9월 **27**일

그러면

앞의 내용이 뒤의 내용의 조건이 되거나
그를 바탕으로 새로운 주장을 할 때 쓰는 말.

➡ 솔직하게 말해. **그러면** 용서해 줄게.
➡ 준비 다 됐어. **그러면** 이제 출발할까?

오늘 한 걸음

'그러면'을 사용하여 약속하는 문장을 만들어 보세요.

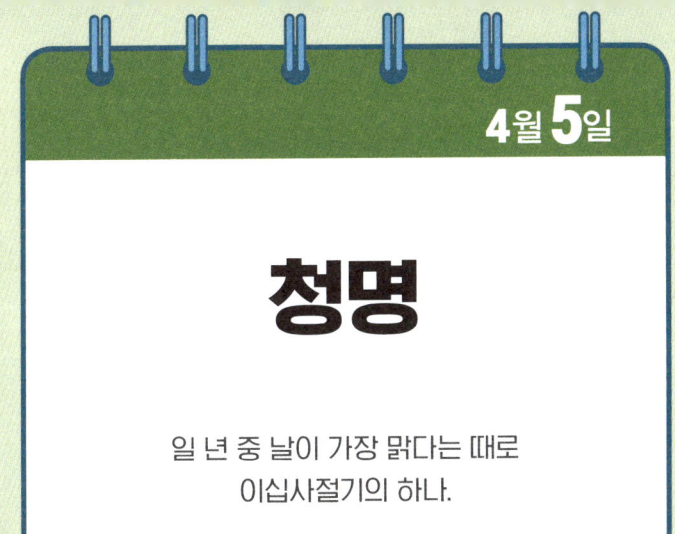

4월 5일

청명

일 년 중 날이 가장 맑다는 때로
이십사절기의 하나.

➡ **청명**은 한 해의 농사가 시작된다고 하여
중요한 날로 여겨졌다.

오늘 한 걸음

청명 무렵의 하늘이나 풍경을 떠올려 문장을 만들어 보세요.

9월 **26**일

아무쪼록

될 수 있는 대로.

➡ **아무쪼록** 우리 할머니와 할아버지가 건강하셨으면 좋겠다.

오늘 한 걸음

'아무쪼록'을 사용하여 소망을 이야기해 보세요.

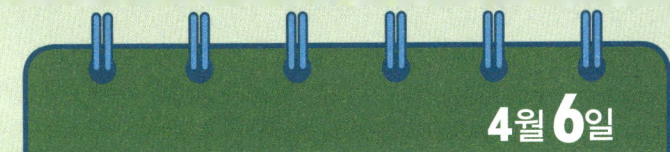

4월 6일

한식

동지에서 105일째 되는 날로
우리나라 명절의 하나.

➡ **한식**에는 조상의 묘를 찾아가는 세시 풍속이 있어요.

오늘 한 걸음

'한식'의 한자 뜻을 사전에서 찾아보세요.

한(寒): _____   식(食): _____

9월 25일

추석

한국 명절의 하나. 음력 8월 15일.

➡ **추석**은 '한가위'라고도 불러요.

오늘 한 걸음

추석의 세시 풍속을 조사해 보세요.

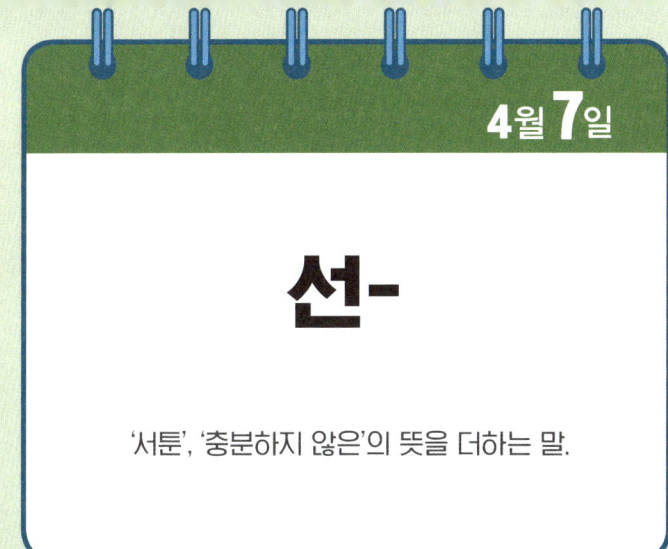

4월 7일

선-

'서툰', '충분하지 않은'의 뜻을 더하는 말.

➡ **선**잠을 잤더니 더 피곤하다.

오늘 한 걸음

'선무당이 장구 탓한다.'라는 속담의 뜻을 국어사전에서 찾아보세요.

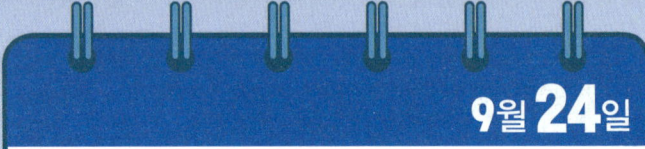

~(이)나

마음에 들지는 않지만 고를 때, 그런 것처럼 행동할 때, 많거나 큰 걸 강조할 때 쓰는 말.

➡ 난 집에서 숙제나 할래.
➡ 귀신이나 본 것처럼 놀라고 그래?
➡ 그렇게나 많이 먹으려고?

오늘 한 걸음

'~(이)나'를 사용하여 마음에 들지는 않지만 선택해야 했던 일을 이야기해 보세요.

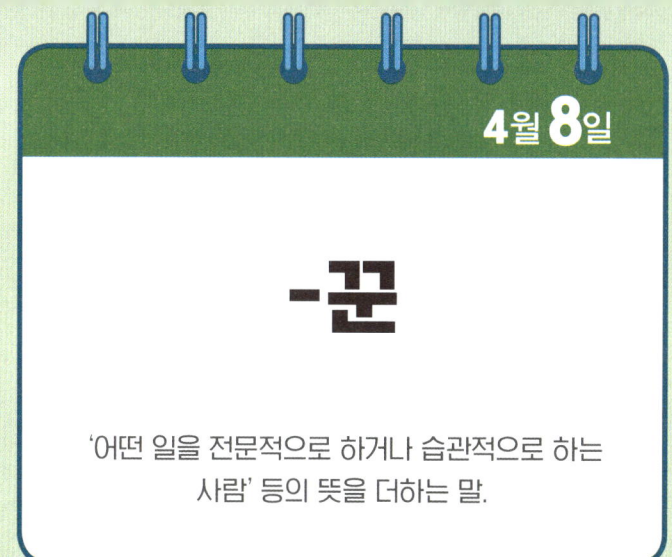

4월 8일

-꾼

'어떤 일을 전문적으로 하거나 습관적으로 하는 사람' 등의 뜻을 더하는 말.

➡ **나무꾼은 나무를 하러 산으로 갔어요.**

오늘 한 걸음

'-꾼'이 붙어 만들어진 낱말을 국어사전에서 세 개 찾아보세요.

① _____   ② _____

③ _____

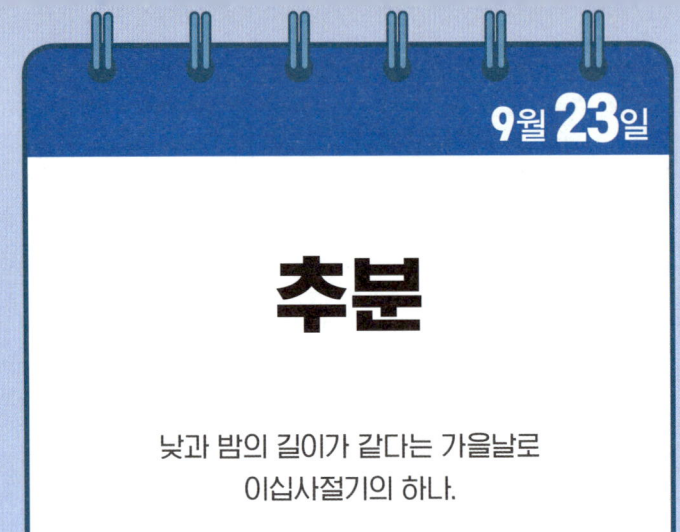

9월 23일

추분

낮과 밤의 길이가 같다는 가을날로 이십사절기의 하나.

➡ **오늘은 추분이야. 그래서 낮과 밤의 길이가 같대.**

오늘 한 걸음

낮과 밤의 길이가 같은 날을 그림으로 그려 보세요.

~조차

심지어. 생각도 못 한 것까지도.

➡ 유치원 때 같은 반이었던 친구의 이름**조차** 기억나지 않아요.

오늘 한 걸음

'~조차'를 사용하여 문장을 만들어 보세요.

해/햇/햅-

'그해에 난'의 뜻을 더하는 말.

➡ **해**콩은 그해에 난 콩, **햇**과일은 그해에 난 과일, **햅**쌀은 그해에 난 쌀을 말한다.

오늘 한 걸음

'해/햇/햅-'이 붙어 만들어진 낱말을 국어사전에서 각각 하나씩 찾아보세요.

① _____   ② _____

③ _____

4월 10일

얼른

시간을 오래 끌지 않고 바로.

➡ 벌써 시간이 이렇게 됐네! **얼른** 일어나!

오늘 한 걸음

'얼른'을 사용하여 내가 빨리 하고 싶은 일을 이야기해 보세요.

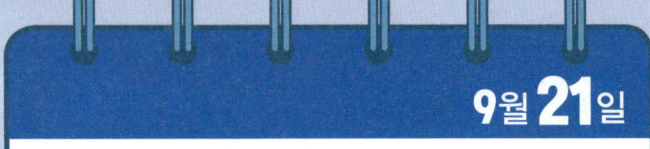

어찌

어떤 이유로. 어떤 방법으로.
어떤 관점에서. 정도가 대단하게.

➡ **어찌** 표정이 그래?

➡ 그 친구는 **어찌** 보면 좋은 것 같아.

➡ **어찌** 그리도 맛있지?

오늘 한 걸음

'어찌'를 사용하여 짧은 질문 두 개를 만들어 보세요.

① _____

② _____

대한민국 임시 정부

4월 **11**일

1919년 4월에 중국 상하이에서 대한민국의 광복을 위하여 임시로 조직한 정부.

➡ 1919년 4월 11일에 **대한민국 임시 정부** 가 세워졌다.

오늘 한 걸음

대한민국 임시 정부에 관한 책이나 글을 찾아 읽어 보세요.

9월 20일

더러

전체 가운데 얼마쯤. 가끔 드물게.

→ 내가 아는 친구가 **더러** 있었어.
→ 도서관에 **더러** 가기도 한다.

오늘 한 걸음

'더러'를 사용하여 가끔 하는 일을 이야기해 보세요.

한결

전보다 훨씬 더.

➡ 푹 잤더니 기분이 **한결** 나아졌어요.

오늘 한 걸음

'한결'을 사용하여 기분이나 상태를 나타내는 문장을 만들어 보세요.

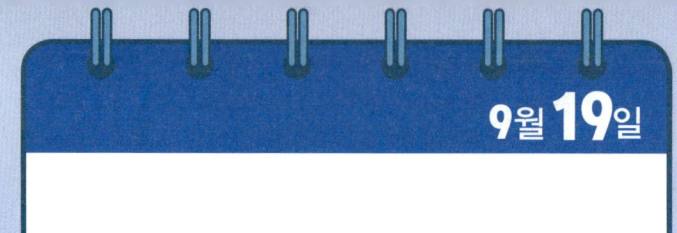

한사코

계속해서 있는 힘을 다하여.

➡ 친구는 **한사코** 내 도움을 거절했다.

오늘 한 걸음

'한사코'를 사용하여 문장을 만들어 보세요.

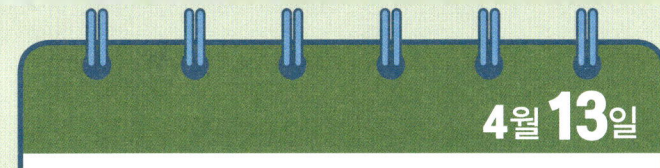

아마

확실하지는 않지만, 그렇게 될 것 같을 때 쓰는 말.

➡ **먹구름이 잔뜩 끼었어. 아마 비가 올 거야.**

오늘 한 걸음

'아마'를 사용하여 내일 일어날 일을 추측해 보세요.

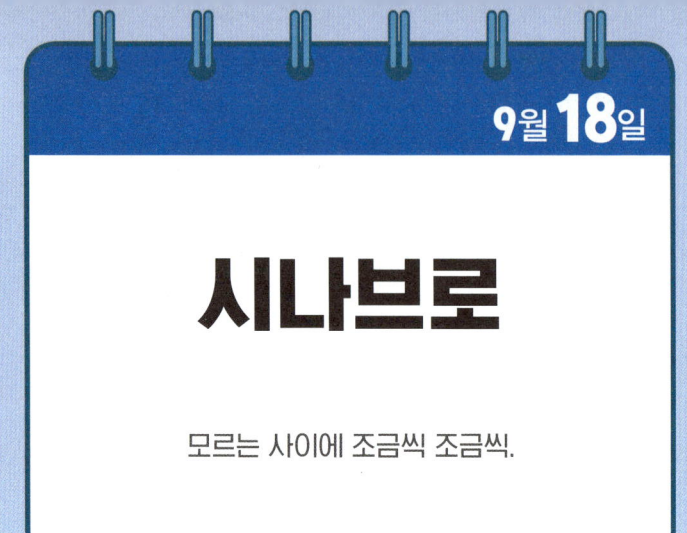

시나브로

모르는 사이에 조금씩 조금씩.

➡ **시나브로** 날씨가 선선해지고 있어.

오늘 한 걸음

'시나브로'를 사용하여 조금씩 변한 일을 이야기해 보세요.

➡ 준비물을 가지러 집에 **되**돌아갔다.
➡ 풀린 실을 **되**감았어요.

오늘 한 걸음

'되-'가 붙어 만들어진 낱말을 국어사전에서 세 개 찾아보세요.

① _____ ② _____

③ _____

9월 **17**일

~커녕

앞말을 부정하고 뒤를 강조할 때 쓰는 말.
말할 것도 없이 도리어.

➡ 도와주기는 커녕 방해만 하다니!
➡ 오빠는 밥커녕 라면도 못 끓인다.

오늘 한 걸음

'~커녕'을 사용하여 실망한 일을 한 문장으로 만들어 보세요.

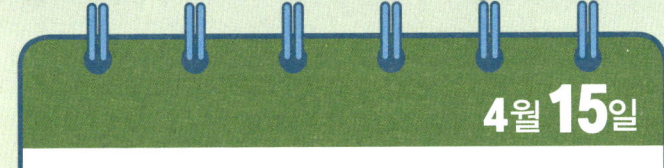

-개

'도구', '그러한 행동을 특성으로 지닌 사람'의 뜻을 더하는 말.

➡ 베**개**가 없으면 잠이 안 와.
➡ 오줌싸**개**라고 놀림받을까 봐 겁이 났다.

오늘 한 걸음

'-개'가 붙어 만들어진 낱말을 국어사전에서 세 개 찾아보세요.

①

②

③

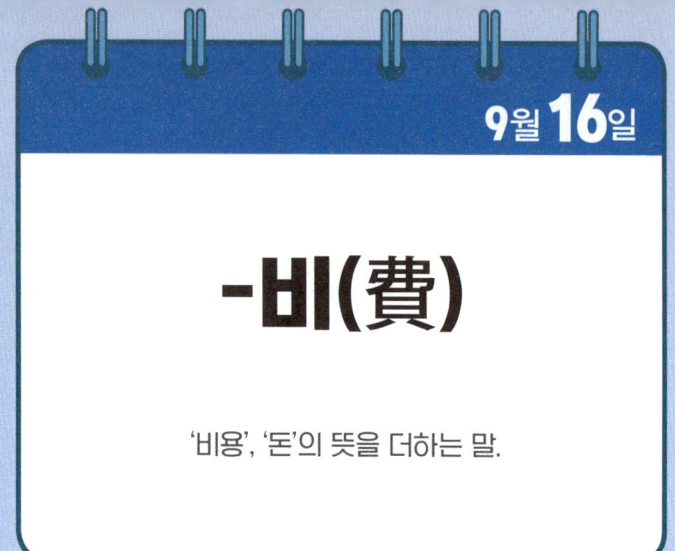

9월 16일

-비(費)

'비용', '돈'의 뜻을 더하는 말.

➡ **식비**는 먹는 데 드는 돈, 음식에 대한 값을 뜻해요.

오늘 한 걸음

'-비'가 붙어 만들어진 낱말을 국어사전에서 세 개 찾아보세요.

① _____   ② _____

③ _____

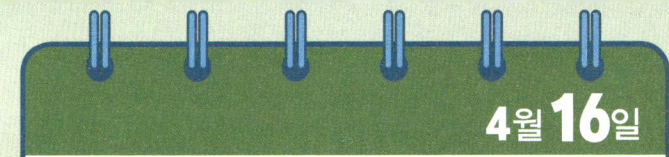

~대로

앞에 말한 것과 같이. 각각 따로따로.

→ 계획**대로** 해 보자.
→ 집은 집**대로**, 학교는 학교**대로** 재미있는 일이 있다.

오늘 한 걸음

'~대로'를 사용하여 문장을 만들어 보세요.

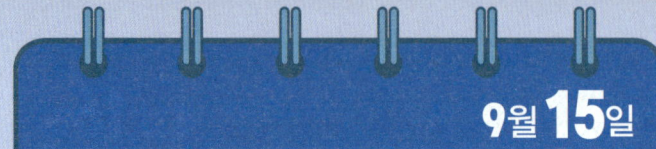

9월 15일

수/숫-

'길게 튀어나온 모양', '새끼를 배지 않는', '열매를 맺지 않는'의 뜻을 더하는 말.

➡ **수**나사를 드라이버로 꽉 조여야 돼.
➡ **숫**양이 겅중겅중 뛰어다녔다.

오늘 한 걸음

'수/숫-'이 붙어 만들어진 낱말을 국어사전에서 세 개 찾아보세요.

①　　　　　　　　　　　②

③

4월 **17**일

가끔

어쩌다가 한 번씩.

➡ **우리 가족은 가끔 바다를 보러 간다.**

오늘 한 걸음

'가끔'을 사용하여 어쩌다 한 번 하는 일을 이야기해 보세요.

영

전혀 또는 도무지. 아주 또는 완전히.

➡ 나는 달리기에는 **영** 소질이 없어.
➡ 형이랑 나는 성격이 **영** 딴판이다.

오늘 한 걸음

'영'을 사용하여 내가 전혀 못하는 일을 이야기해 보세요.

구태여

일부러 힘들여.

➡ 엄마는 내가 **구태여** 말하지 않아도 내 마음을 다 안다.

오늘 한 걸음

'구태여'를 사용하여 하지 않아도 되는 일을 일부러 했던 경험을 이야기해 보세요.

9월 13일

즉

다시 말하면. 바꾸어 말하면. 바로 다름 아닌.

➡ 나는 1년 전, **즉** 입학할 때 이사를 왔다.
➡ 나에게 공부란 **즉** 꿈을 여는 열쇠다.

오늘 한 걸음

'즉'을 사용하여 문장을 만들어 보세요.

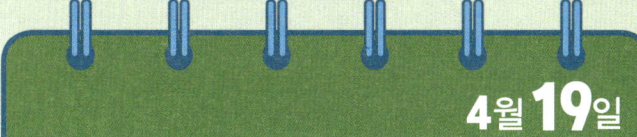

4.19 혁명

1960년 4월 19일에 학생과 시민들이 일으킨 민주화 운동.

➡ **4.19 혁명**은 **1960년 4월 19일**에 일어난 민주화 운동이다.

오늘 한 걸음

4.19 혁명 이전과 이후에 무슨 일이 일어났는지 조사해 보세요.

기어이

어떤 일이 있어도 반드시. 결국에 가서는.

➡ 동생은 **기어이** 장난감을 샀다.
➡ 세 시간 동안 집중해서 **기어이** 그림을 완성했다.

오늘 한 걸음

'기어이'를 사용하여 꼭 해내고 싶은 일을 이야기해 보세요.

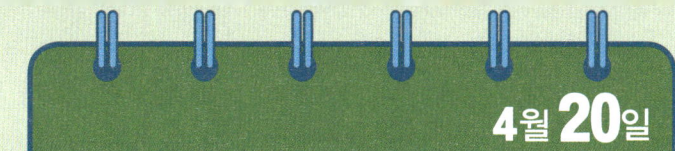

곡우

모를 심을 때 필요한 비가 내린다는 날로 이십사절기의 하나.

➡ **곡우** 무렵에 비가 오면 곡식이 잘 자라서 풍년이 든다고 한다.

'곡우'를 사용하여 곡식이나 비에 관한 문장을 만들어 보세요.

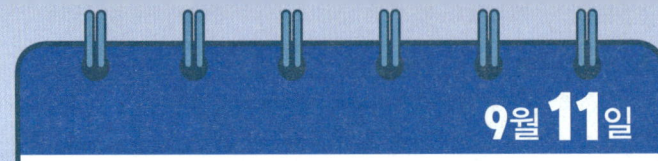

응당

그만큼 하니까 당연히 그렇게. 이치로 보아 당연히.

➡ **응당** 그만큼의 공부는 해야 하는 거야.
➡ 내가 한 일의 책임은 **응당** 내가 져야지.

오늘 한 걸음

'응당'을 사용하여 당연한 일을 문장을 만들어 보세요.

4월 21일

뒤-

'몹시, 마구, 온통', '반대로, 뒤집어'의 뜻을 더하는 말.

➡ **온갖 재료가 뒤섞여 있었다.**

➡ **부침개를 잘 뒤집었다.**

오늘 한 걸음

'뒤-'가 붙어 만들어진 낱말을 국어사전에서 세 개 찾아보세요.

①   ②

③

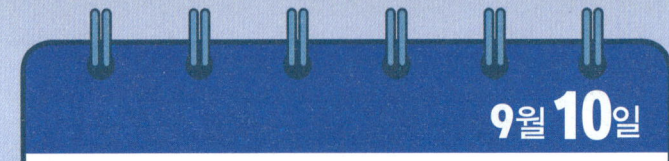

~랑

비교할 때, 상대를 나타낼 때, 함께 할 때,
앞과 뒤를 이어줄 때 쓰는 말.

➜ **친구랑 나를 비교하는 건 싫어.**
➜ **누나랑 싸웠니?**
➜ **색종이랑 풀이 필요해.**

오늘 한 걸음

친구랑 함께 하고 싶은 일을 이야기해 보세요.

➡ 도착하는 데 한 시간**가량** 걸릴 거야.

오늘 한 걸음

'-가량'을 사용하여 시간이 걸리는 일을 한 문장으로 만들어 보세요.

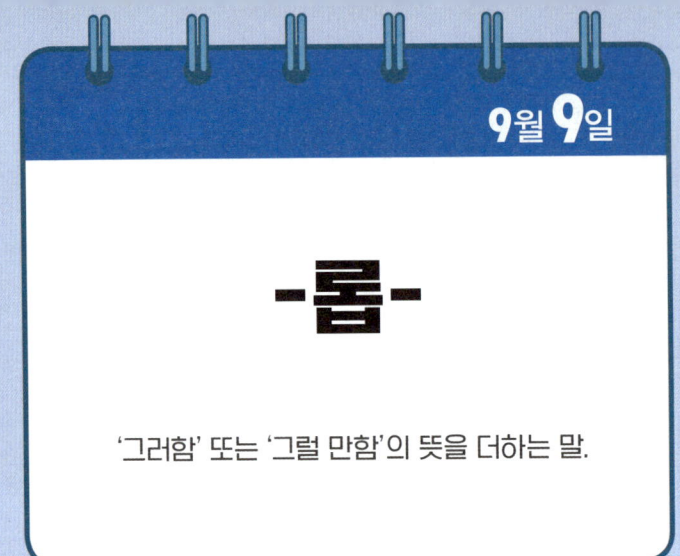

➡ 깊은 바다는 정말 우주만큼 신비롭다.

오늘 한 걸음

'-롭-'이 붙어 만들어진 낱말을 국어사전에서 세 개 찾아보세요.

①

②

③

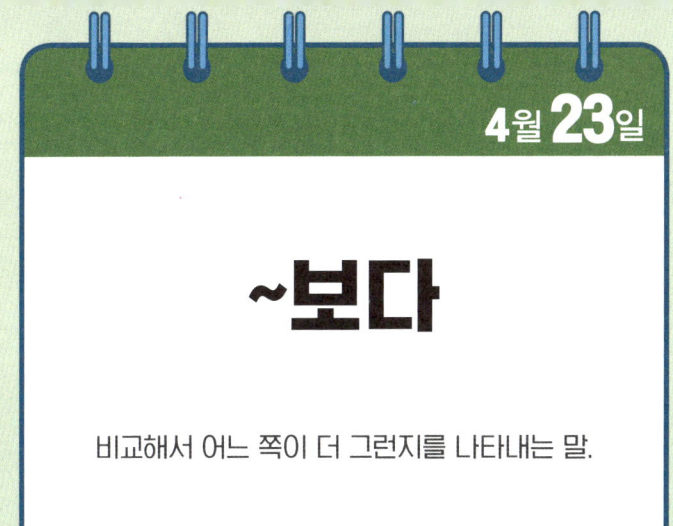

~보다

비교해서 어느 쪽이 더 그런지를 나타내는 말.

➡ **언니는 나보다 두 살이 더 많아.**

오늘 한 걸음

'~보다'를 사용하여 두 가지를 비교하는 문장을 만들어 보세요.

9월 8일

설-

'충분하지 못하게'의 뜻을 더하는 말.

➡ 고구마가 **설**익어서 더 구워야겠어.

'설-'이 붙어 만들어진 낱말을 국어사전에서 세 개 찾아보세요.

① _____   ② _____

③ _____

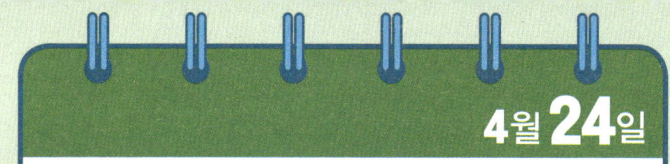

4월 24일

혹은

그렇지 않으면. 또는 그것이 아니면. 더러는.

→ 이 자리는 임산부 **혹은** 노약자를 위한 좌석이다.
→ **혹은** 실패를 하기도 했다.

오늘 한 걸음

'혹은'을 사용하여 두 가지 중 고르는 문장을 만들어 보세요.

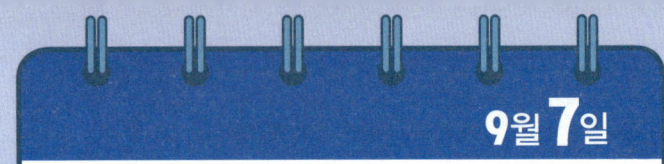

백로

맑은 이슬이 내린다는 날로 이십사절기의 하나.

➡ **백로**에는 가을 기운이 느껴지고 햇볕이 잘 들어서 곡식이 잘 자란대요.

오늘 한 걸음

백로 무렵의 가을 느낌을 그림으로 그려 보세요.

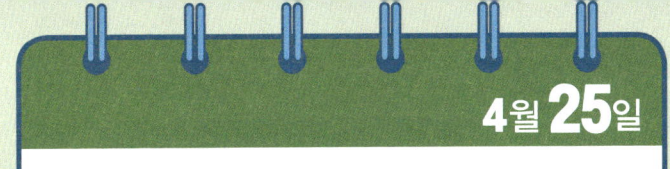

4월 25일

아울러

그와 더불어. 동시에 함께.

- 이 영화는 재미뿐 아니라 **아울러** 감동도 준다.
- 인성과 실력을 **아울러** 길러야 한다.

오늘 한 걸음

'아울러'를 사용하여 좋은 점 두 가지를 이어 보세요.

9월 6일

오롯이

모자람이 없이 온전하게.

➡ 책이 너무 재미있어서 **오롯이** 집중해서 읽었다.

오늘 한 걸음

'오롯이'를 사용하여 내가 집중한 일을 이야기해 보세요.

더구나

그 위에 또. 그뿐만 아니라.

➡ **숙제가 많아. 더구나 시험 공부도 해야 해.**

오늘 한 걸음

'더구나'를 사용하여 좋은 점에 또 좋은 점을 덧붙이는 문장을 만들어 보세요.

9월 5일

물론

굳이 말할 필요 없이.

➡ 머리가 너무 아파서 학원은 물론 학교에도 못 갔다.

오늘 한 걸음

'물론'을 사용하여 당연하다고 생각하는 일을 이야기해 보세요.

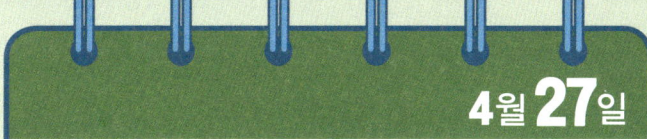

가령

가정하여 말해서. 예를 들어.

- ➡ **가령** 네가 도와주면 일이 빨리 끝날 거야.
- ➡ 나는 운동을 좋아해. **가령** 축구나 수영 같은 거 말이야.

오늘 한 걸음

'가령'을 사용하여 예를 드는 문장을 만들어 보세요.

9월 4일

퍽

보통 정도를 훨씬 넘게.

➡ 이번 여름은 **퍽** 더웠어.

오늘 한 걸음

'퍽'을 사용하여 놀라거나 감탄한 일을 이야기해 보세요.

4월 28일

드-

'심하게', '높이'의 뜻을 더하는 말.

➡ **드**넓은 바다를 보니 마음이 뻥 뚫려!

오늘 한 걸음

'드-'가 붙은 낱말을 사용하여 문장을 만들어 보세요.

9월 3일

~와/과

비교할 때, 상대를 나타낼 때, 함께할 때,
앞과 뒤를 이어 줄 때 쓰는 말.

➡ 앞과 뒤가 달라.
➡ 가족들과 밥을 먹었다.
➡ 친구와 숙제를 했다.

오늘 한 걸음

'~와/과'를 사용하여 친구와 함께한 일을 이야기해 보세요.

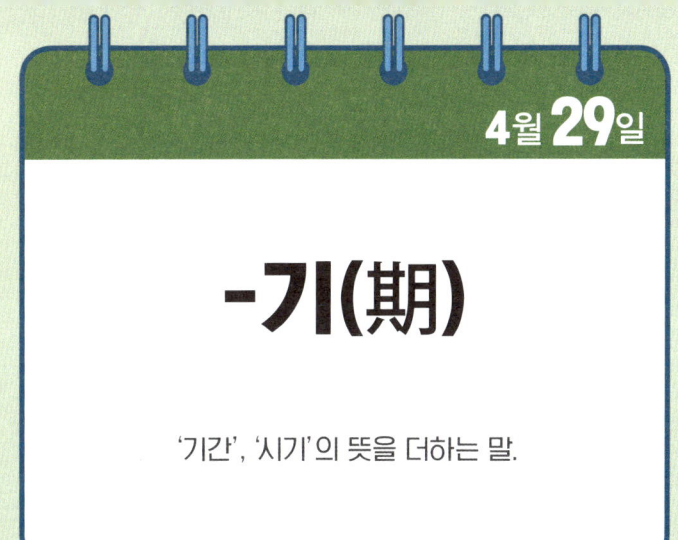

➡ 티라노사우루스는 백악**기**에 살았다.

'-기'가 붙어 시기를 나타내는 낱말을 떠올려 보세요.

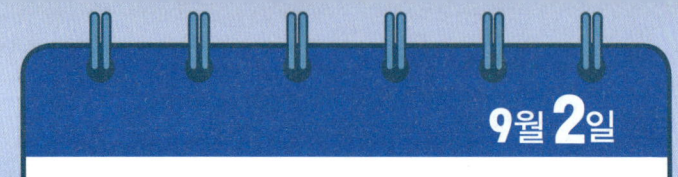

-딱지

'비하(하찮게 여겨 낮춤)'의 뜻을 더하는 말.

➡ 심술**딱지** 부리지 말고 내 말을 좀 들어 봐.

오늘 한 걸음

'-딱지'가 붙어 만들어진 낱말을 국어사전에서 세 개 찾아보세요.

① _____   ② _____

③ _____

4월 30일

~뿐

오직 이것만.

➡ 집에 나 혼자뿐이라 심심해.

오늘 한 걸음

'~뿐'을 사용하여 문장을 만들어 보세요.

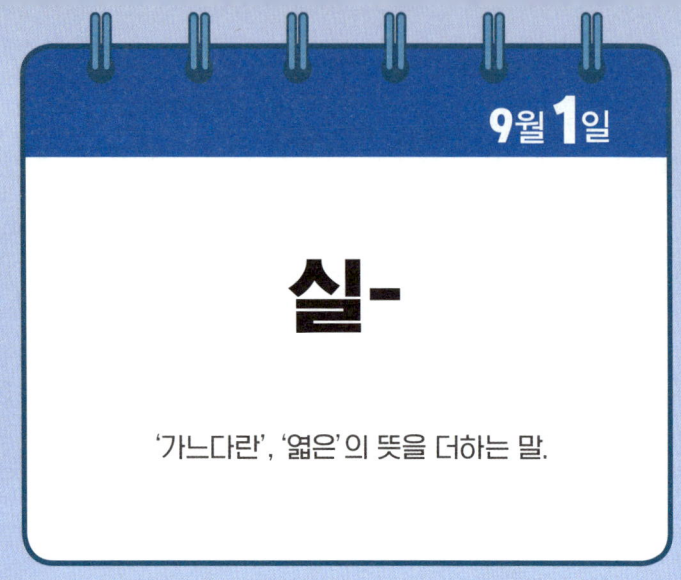

9월 1일

실-

'가느다란', '얇은'의 뜻을 더하는 말.

➡ 눈에 있는 실핏줄이 터져서 눈이 빨개졌어.

오늘 한 걸음

'실-'이 붙어 만들어진 낱말을 국어사전에서 세 개 찾아보세요.

① _____   ② _____

③ _____

5월

9월

드문드문

어떤 일이 자주 일어나지 않고 가끔.
가깝지 않고 떨어져서.

➡ 할아버지는 드문드문 전화를 하신다.
➡ 가로등이 드문드문 있어서 길이 어둡다.

오늘 한 걸음

'드문드문'과 비슷한 말을 찾아보세요.

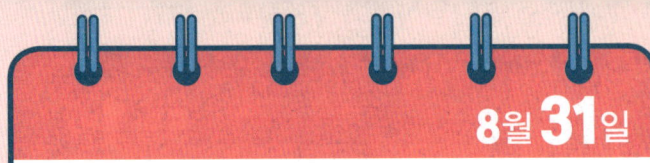

이제

말하고 있는 바로 이때에. 지금부터 앞으로.
지금의 시기가 되어.

➡ **이제** 비가 그쳤어.
➡ **이제** 공부해야 해.
➡ **이제** 무슨 말인지 알았어.

오늘 한 걸음

'이제'를 사용하여 다짐하는 문장을 만들어 보세요.

5월 2일

그럭저럭

충분하지 않지만 어느 정도로.
생각하지 않고 지내던 사이에 어느덧.

➡ 그 일은 그럭저럭 잘 해결했어.
➡ 겨울이 그럭저럭 지나고 봄이 왔다.

오늘 한 걸음

빈칸에 들어갈 가장 알맞은 말을 골라 보세요.

그럭저럭 _____.

① 끝냈다　　　　　　② 최고였다

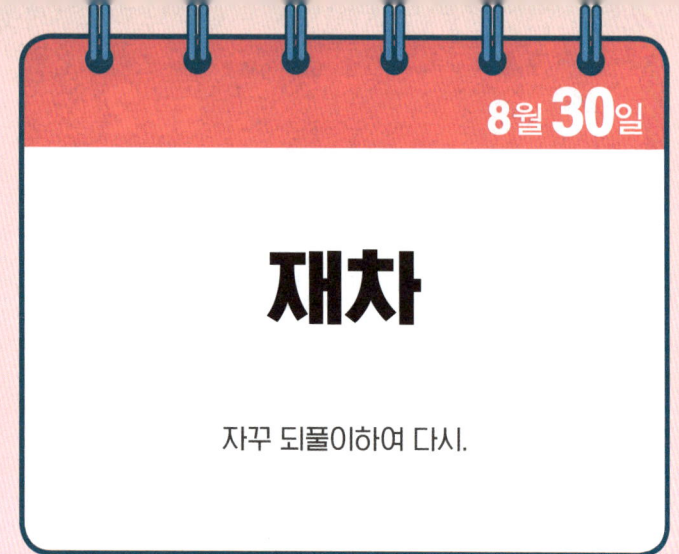

재차

자꾸 되풀이하여 다시.

➡ 우산을 챙겼는지 재차 확인했다.

오늘 한 걸음

'재차'를 사용하여 반복하는 뜻을 담은 문장을 만들어 보세요.

어쩌다

뜻밖에 우연히. 가끔가다가.

➡ 길에서 **어쩌다** 담임 선생님을 만났다.
➡ **어쩌다** 한 번씩 그 친구가 생각난다.

오늘 한 걸음

내가 어쩌다 해 본 일을 그림으로 그려 보세요.

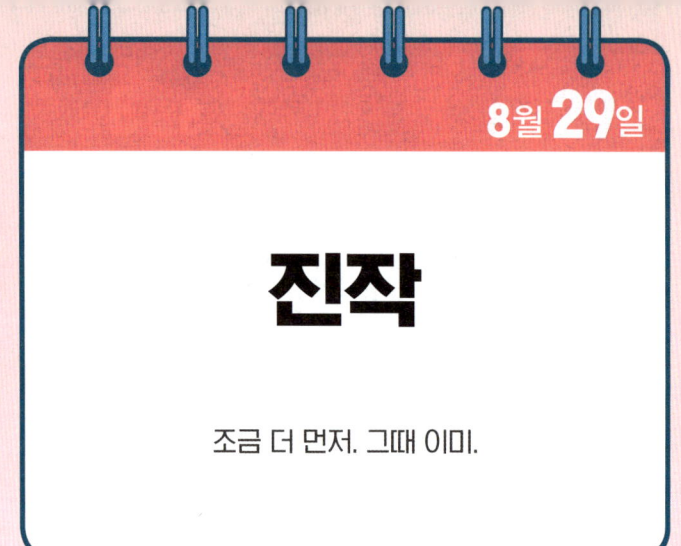

➡ 왜 이 생각을 진작 못 했지?

오늘 한 걸음

'진작'을 사용하여 아쉬운 일을 이야기해 보세요.

5월 4일

또

다시. 그 밖에 더. 그럼에도 불구하고.

- ➡ **또** 신발끈이 풀렸네!
- ➡ **또** 먹고 싶은 게 생겼다.
- ➡ 매운데 **또** 맛있어서 자꾸 먹었다.

오늘 한 걸음

'또'를 사용하여 문장을 만들어 보세요.

_____

_____

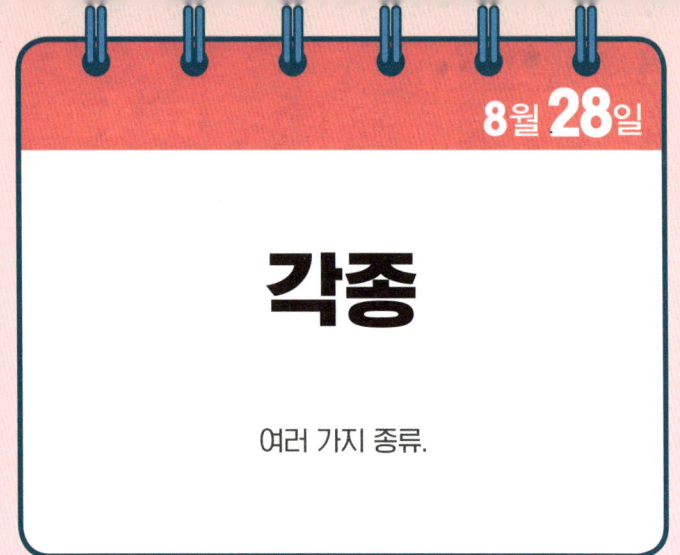

→ 해물탕에 **각종** 해물이 들어가 있었다.

오늘 한 걸음

각종 과일을 그림으로 그려 보세요.

5월 5일

입하

일 년 중 여름이 시작된다는 날로
이십사절기의 하나.

➡ **입하**가 오니 여름 기분이 난다.

오늘 한 걸음

'입하'를 사용하여 계절을 나타내는 문장을 만들어 보세요.

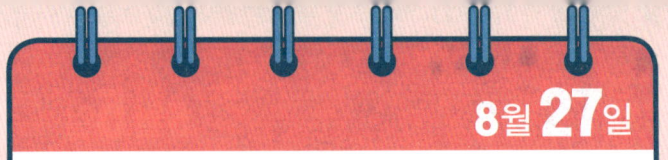

~에

장소, 시간, 목적지나 방향, 원인 등을 나타내는 말.

➡ 식당에 손님이 많아.
➡ 나는 일곱 시에 일어나 학교에 간다.
➡ 더위에 지친다.

오늘 한 걸음

'~에'를 사용하여 장소를 나타내는 문장을 만들어 보세요.

→ 이**까짓** 거 내가 못 하겠어?

'-까짓'이 붙어 만들어진 낱말을 국어사전에서 찾아보세요.

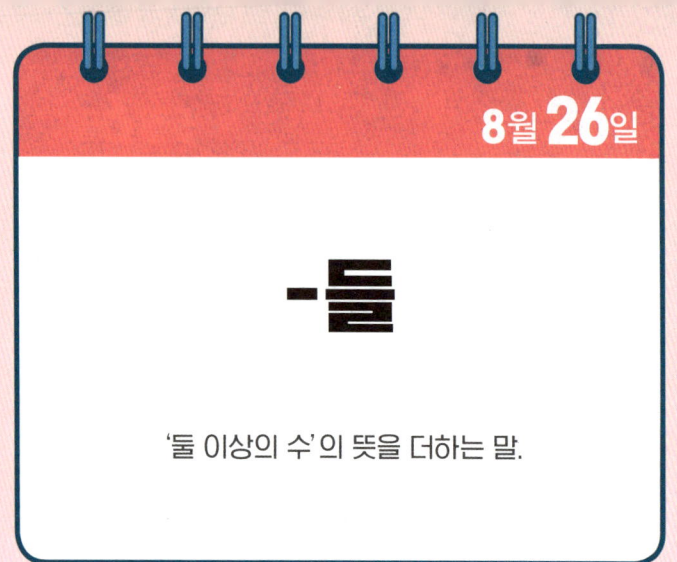

➡ **운동장에서 아이들이 뛰어논다.**

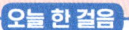

'-들'을 사용하여 여럿을 나타내는 낱말을 세 개 만들어 보세요.

①

②

③

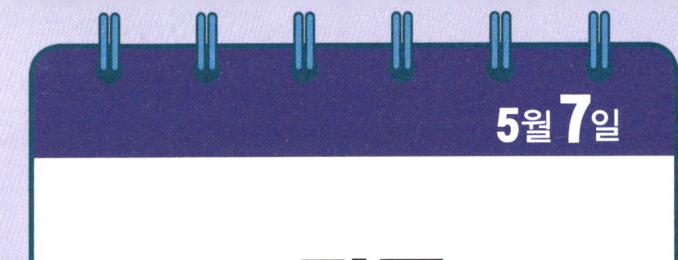

5월 7일

~만큼

그와 같은 정도로. 그 부분에 대해서만.

➡ 나도 형**만큼** 키가 컸다.
➡ 수학**만큼**은 자신 있어!

오늘 한 걸음

'~만큼'을 사용하여 내가 가장 자신 있는 것을 이야기해 보세요.

8월 25일

빗-

'기울어지게', '잘못', '기울어진'의 뜻을 더하는 말.

➡ 오빠는 삐딱하게 **빗**대어 서 있었다.
➡ 공이 **빗**맞았어.
➡ 종이에 **빗**금을 그었다.

오늘 한 걸음

'빗-'이 붙어 만들어진 낱말을 국어사전에서 세 개 찾아보세요.

① _____ ② _____

③ _____

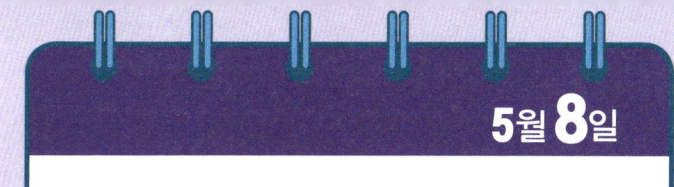

5월 8일

어버이

아버지와 어머니.

➡ **어버이**날 아침에 직접 만든 카네이션 카드를 부모님께 드렸다.

오늘 한 걸음

어버이날의 유래를 조사해 보세요.

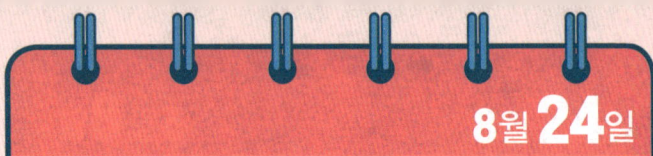

아주

보통보다 훨씬 더. 더 이상 어찌할 수 없는 상태로. 조금도. 완전히.

➡ 자동차가 **아주** 빠르게 지나갔다.
➡ 짝이랑 **아주** 말도 안 하고 싶어.
➡ 이건 **아주** 모르겠어.

---- 오늘 한 걸음 ----

'아주'를 사용하여 감정을 나타내 보세요.

다소

어느 정도로.

➡ 약을 먹으니 열이 **다소** 떨어졌어.

'다소'를 사용하여 문장을 만들어 보세요.

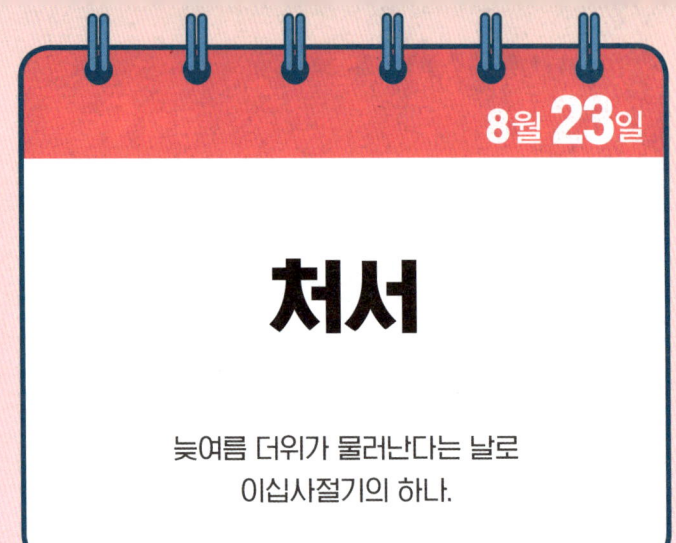

처서

늦여름 더위가 물러난다는 날로
이십사절기의 하나.

➡ **처서**가 되니 바람이 시원해졌어요.

오늘 한 걸음

오늘 날씨를 짧은 문장으로 표현해 보세요.

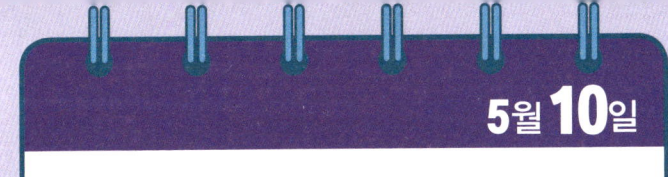

5월 10일

어쨌든

무엇이 어떻게 되든. 어떻게 되어 있든.

➡ **어쨌든** 욕을 하는 건 좋지 않아.

오늘 한 걸음

오늘 어쨌든 꼭 하고 싶은 일을 이야기해 보세요.

거듭

계속 반복하여.

➡ 나는 괜찮다고 했는데도 친구가 **거듭** 사과를 했다.

오늘 한 걸음

'거듭'을 사용하여 문장을 만들어 보세요.

5월 11일

동학 농민 혁명

조선 고종 31년에 동학을 믿는 사람과 농민이 함께 일으킨 혁명.

➡ **동학 농민 혁명**에 관한 책을 읽었어요.

오늘 한 걸음

동학 농민 혁명이 언제, 어디에서, 왜 일어났는지 조사해 보세요.

① 언제 : _____   ② 어디에서 : _____

③ 왜 : _____

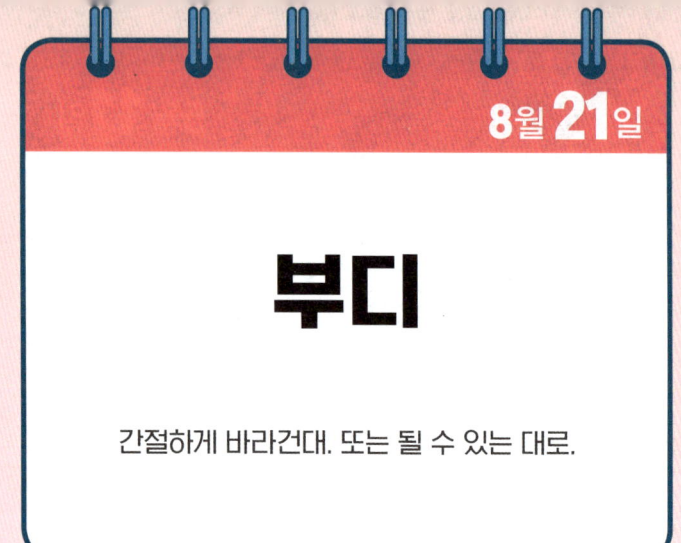

부디

간절하게 바라건대. 또는 될 수 있는 대로.

➡ **부디** 건강하게 잘 지내!

오늘 한 걸음

'부디'를 사용하여 소망을 이야기해 보세요.

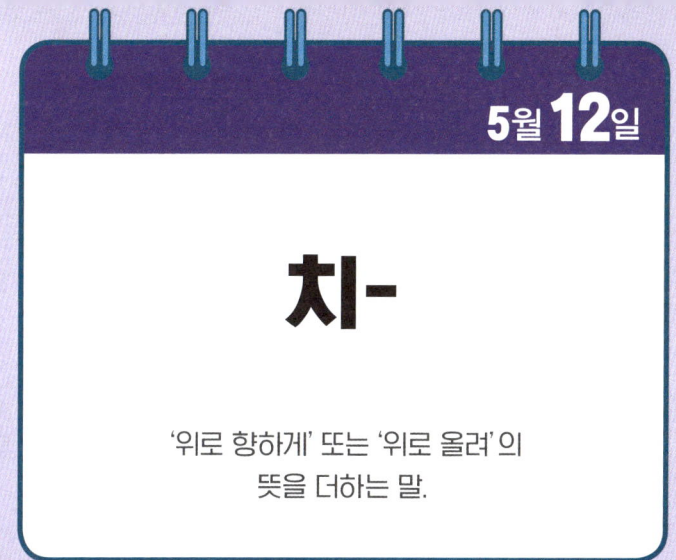

5월 12일

치-

'위로 향하게' 또는 '위로 올려'의
뜻을 더하는 말.

➡ 검은 연기가 하늘로 **치**솟는 장면을 뉴스에서 봤다.

오늘 한 걸음

'치-'가 붙어 만들어진 낱말을 국어사전에서 세 개 찾아보세요.

① _____   ② _____

③ _____

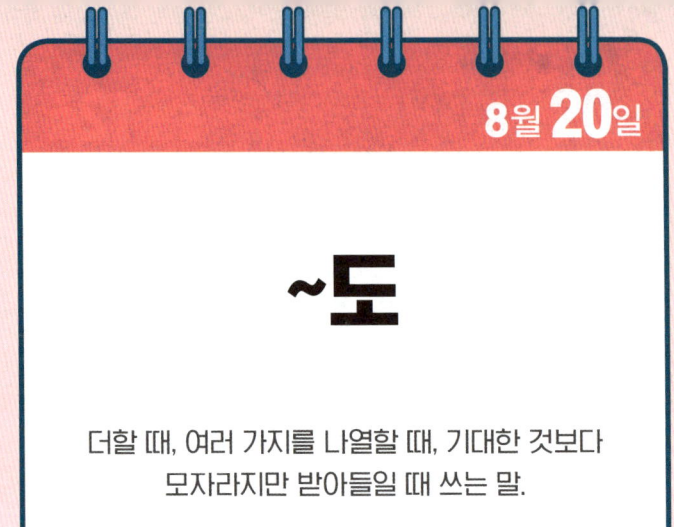

8월 20일

~도

더할 때, 여러 가지를 나열할 때, 기대한 것보다 모자라지만 받아들일 때 쓰는 말.

➡ 이것**도** 먹어 봐.
➡ 치킨**도** 먹고 피자**도** 먹었어.
➡ 오늘 안 되면 내일**도** 괜찮아.

오늘 한 걸음

'~도'를 사용하여 문장을 만들어 보세요.

5월 13일

-깔

'상태' 또는 '바탕'의 뜻을 더하는 말.

➡ 한복은 빛**깔**이 참 곱다.

오늘 한 걸음

'-깔'이 붙어 만들어진 낱말을 국어사전에서 세 개 찾아보세요.

① _____   ② _____

③ _____

칠석

음력 7월 7일.

➡ **칠석**은 은하의 서쪽에 있는 직녀와 동쪽에 있는 견우가 일 년에 한 번 만난다고 하는 날이다.

오늘 한 걸음

칠석에 얽힌 이야기를 찾아 읽어 보세요.

~까지

5월 14일

'범위의 끝', '그 위에 더함', '정도를 지나침' 등을 나타내는 말.

➡ 내일**까지** 끝내야 해.
➡ 너**까지** 내 말을 의심하다니.
➡ 밥을 먹으면서**까지** 핸드폰을 보니?

오늘 한 걸음

'~까지'를 사용하여 문장을 만들어 보세요.

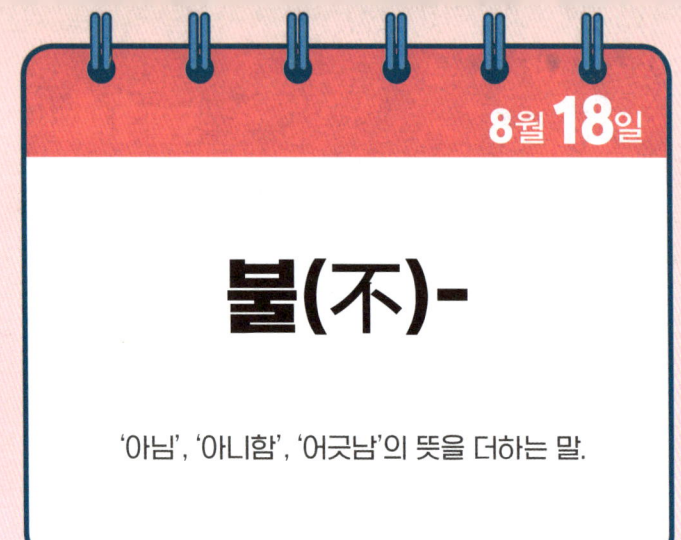

➡ 항상 내가 양보하는 건 **불**공평해.

오늘 한 걸음

'불-'이 붙어 만들어진 낱말을 국어사전에서 세 개 찾아보세요.

① _____

② _____

③ _____

세종 대왕

조선의 제4대 왕.
수많은 업적을 남겨 조선의 기틀을 세운 왕.

➡ **세종 대왕**의 탄신일인 5월 15일을 스승의 날로 정했다.

오늘 한 걸음

세종 대왕의 업적을 조사해 보세요.

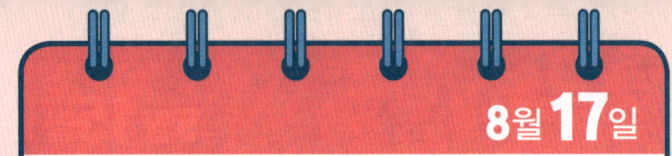

그렇지만

앞에 한 말은 맞지만, 그와 다른 내용을 덧붙일 때 쓰는 말.

➡ 이게 마음에 들어. 그렇지만 너무 비싸.

오늘 한 걸음

'그렇지만'을 사용하여 서로 반대되는 내용을 이어 보세요.

5월 16일

및

그리고 또.

➡ **시험 준비물은 필기도구 및 실내화입니다.**

오늘 한 걸음

'및'을 사용하여 문장을 만들어 보세요.

- **그때 일이 통 기억이 안 난다.**
- **오늘따라 집이 통 조용하네?**

오늘 한 걸음

'통'을 사용하여 문장을 만들어 보세요.

5월 17일

때때로

경우에 따라서 가끔.

➡ 짝꿍이 **때때로** 한숨을 쉬었다.

오늘 한 걸음

내가 때때로 하는 일을 그림으로 그려 보세요.

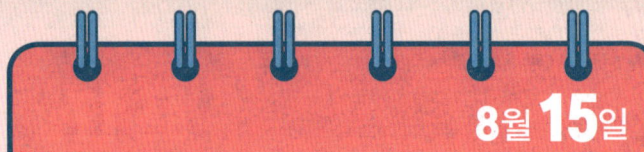

광복절

한국이 일본의 식민지 지배에서 벗어난 것을 기념하기 위한 국경일.

➡ 오늘은 **광복절**이라 태극기를 달았다.

오늘 한 걸음

독립운동가 한 명을 정하고, 그분이 어떤 일을 했는지 조사해 보세요.

5월 18일

5.18 민주화 운동

1980년 5월 18일에 전라남도 광주에서 일어난 대규모의 민주화 운동.

➡ **5.18 민주화 운동**은 '광주 민주화 운동'으로 불리기도 했다.

오늘 한 걸음

5.18 민주화 운동에 관한 책이나 영상을 찾아보세요.

말복

음력 6월에서 7월에 있는 삼복 가운데 마지막 날.

➡ **말복**은 중복의 열흘 후이다.

오늘 한 걸음

말복에 먹고 싶은 음식을 이야기해 보세요.

5월 19일

휘-

'마구', '심하게', '매우'의 뜻을 더하는 말.

➡ 태극기가 **휘**날린다.
➡ 깜짝 놀라서 눈이 **휘**둥그래졌다.

오늘 한 걸음

'휘-'가 붙어 만들어진 낱말을 국어사전에서 세 개 찾아보세요.

①

②

③

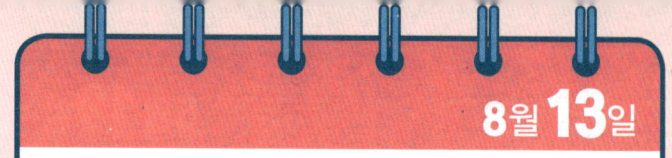

~하고

비교하거나 기준으로 삼는 대상임을 나타내는 말.
상대를 나타내는 말.

➡ 나는 아빠하고 많이 닮았다.
➡ 나는 동생하고 싸웠다.

오늘 한 걸음

'~하고'를 사용하여 친구와의 일을 이야기해 보세요.

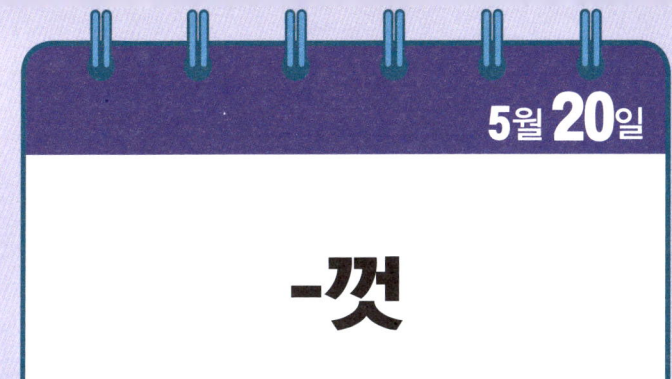

- 외가댁에 가서 마음**껏** 놀았다.
- 여태**껏** 뭐 한 거야?

오늘 한 걸음

마음껏 하고 싶은 일을 두 가지 이야기해 보세요.

① _____

② _____

-감(感)

'느낌'의 뜻을 더하는 말.

➡ 거짓말을 해서 죄책감이 생겼다.

오늘 한 걸음

'-감'이 붙어 만들어진 낱말을 국어사전에서 세 개 찾아보세요.

① _____ ② _____

③ _____

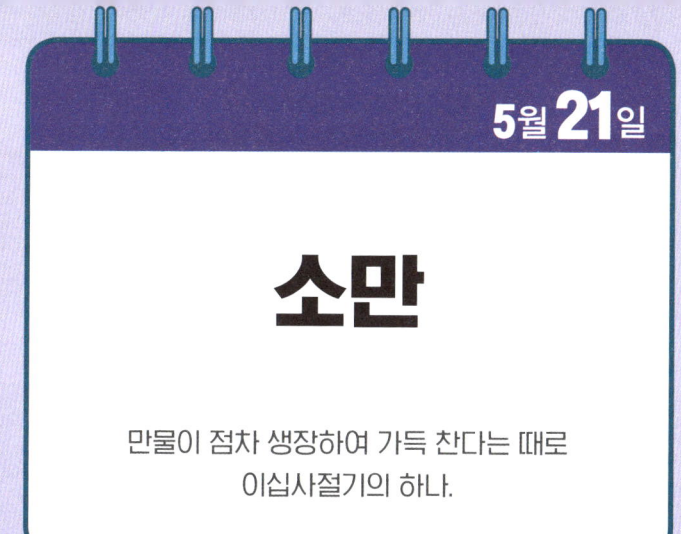

5월 21일

소만

만물이 점차 생장하여 가득 찬다는 때로 이십사절기의 하나.

➡ **소만**에는 본격적으로 여름이 시작된다.

오늘 한 걸음

소만 무렵 자연의 모습을 그려 보세요.

➡ 손을 안 씻으면 **비**위생적이에요.

오늘 한 걸음

'비-'가 붙어 만들어진 낱말을 국어사전에서 세 개 찾아보세요.

① _____   ② _____

③ _____

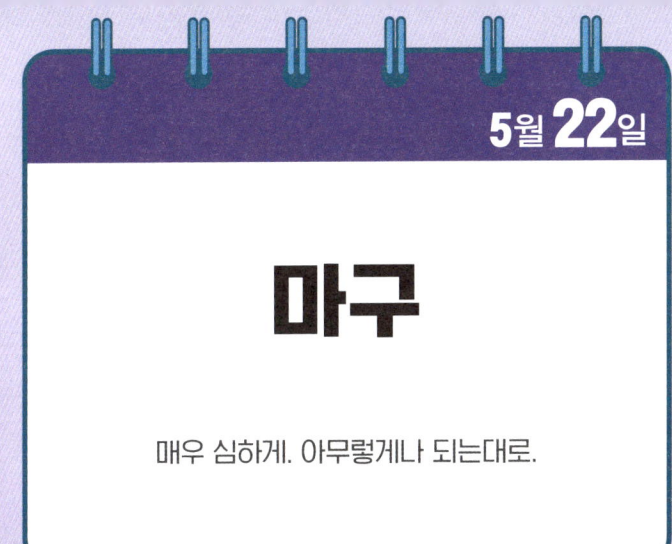

5월 22일

마구

매우 심하게. 아무렇게나 되는대로.

➡ 갑자기 비가 **마구** 쏟아졌다.
➡ 쓰레기를 **마구** 버리면 안 돼.

오늘 한 걸음

'마구'를 사용하여 문장을 만들어 보세요.

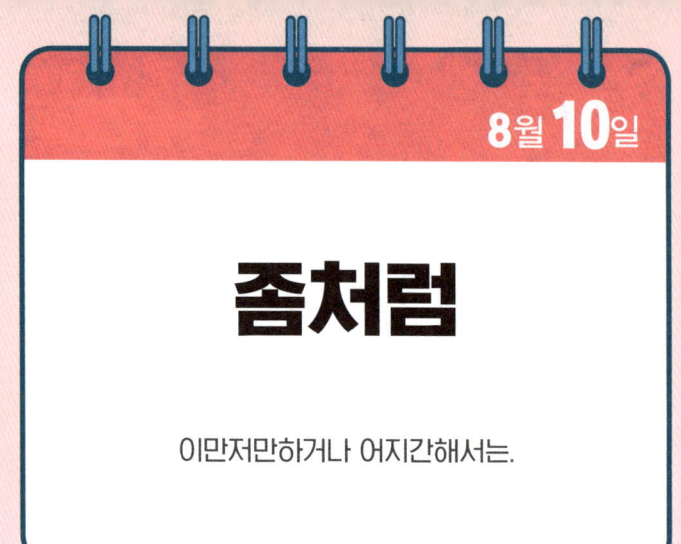

8월 10일

좀처럼

이만저만하거나 어지간해서는.

➡ 감기가 **좀처럼** 낫지를 않네.

> 오늘 한 걸음

'좀처럼'을 사용하여 고치기 어려운 나의 나쁜 습관을 이야기해 보세요.

5월 **23**일

끊임없이

계속하거나 이어져 있던 것이 끊이지 아니하게.

➡ **오랜만에 친구를 만난 엄마는 끊임없이 이야기하셨다.**

오늘 한 걸음

끊임없이 이어지는 것을 상상하며 그려 보세요.

그래서

앞의 내용이 뒤의 내용의 원인이나 근거, 조건 등이 될 때 쓰는 말.

➡ **배가 고팠다. 그래서 빵을 먹었다.**

오늘 한 걸음

'그래서'를 사용하여 원인과 결과를 이어 보세요.

석가 탄신일

석가모니가 태어난 날을 기념하는 날.
음력 4월 8일.

➡ **석가 탄신일**을 기념하기 위해 거리에 연등을 장식했다.

오늘 한 걸음

석가모니에 관한 책을 찾아 읽어 보세요.

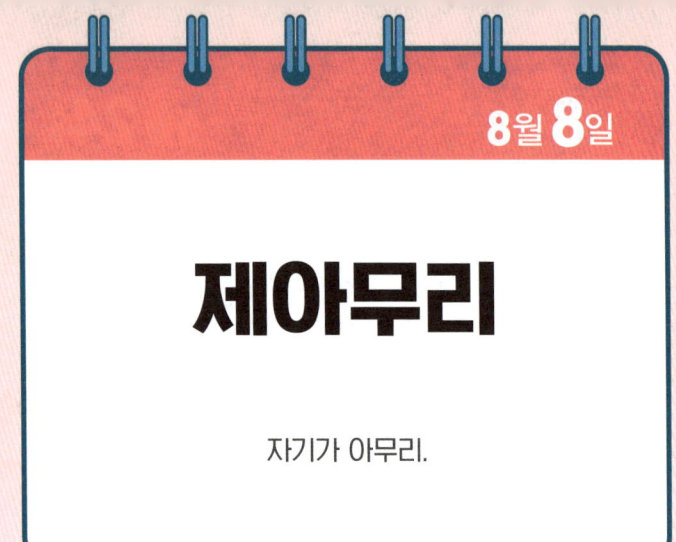

제아무리

자기가 아무리.

➡ **제아무리** 배가 불러도 아이스크림은 먹고 싶은 법이지.

오늘 한 걸음

'제아무리'를 사용하여 문장을 만들어 보세요.

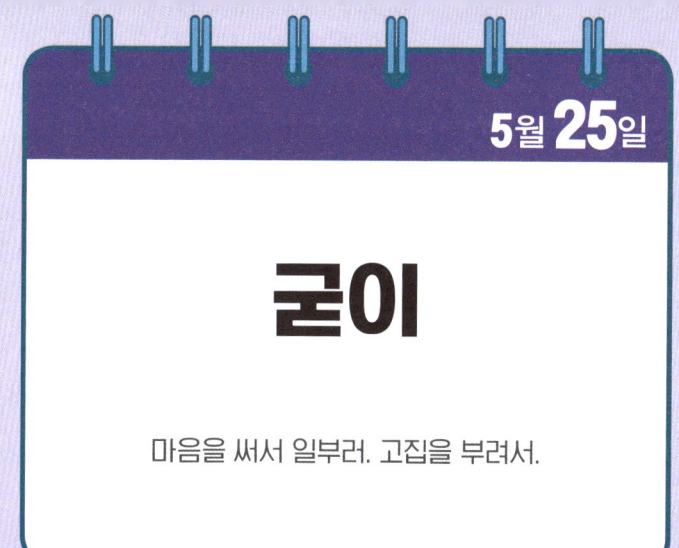

5월 25일

굳이

마음을 써서 일부러. 고집을 부려서.

➡ **굳이** 말하고 싶지 않아.
➡ **굳이** 그 길로 가야 해?

오늘 한 걸음

'굳이'를 사용하여 문장을 만들어 보세요.

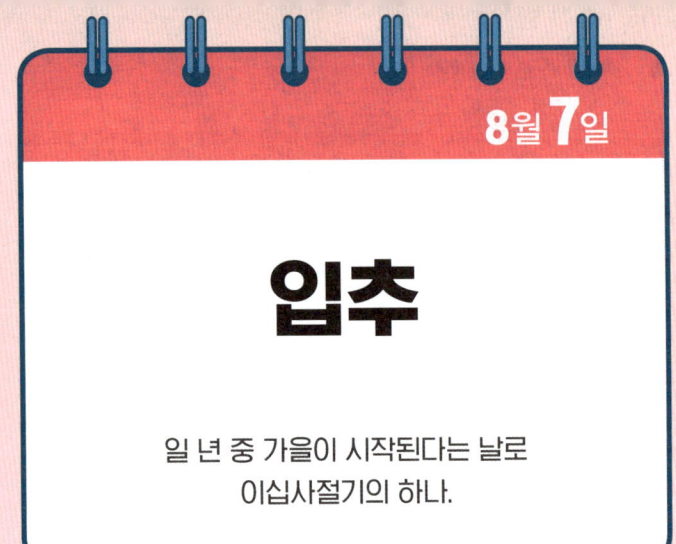

➡ 오늘이 **입추**라는데 이렇게 덥다니!

오늘 한 걸음

입추가 되면 달라지는 자연(하늘, 바람, 나무 등)의 모습을 한 가지 찾아보세요.

5월 26일

막-

'품질이 낮은', '닥치는 대로 하는', '마지막의'의 뜻을 더하는 말.

→ **막**국수를 먹었다.
→ **막**말하지 마.
→ 이게 **막**차라서 놓치면 큰일 나!

'막-'이 붙어 만들어진 낱말을 국어사전에서 세 개 찾아보세요.

① _____ ② _____

③ _____

8월 6일

~밖에

그것 말고. 그것 이외에.

➡ 사탕이 하나밖에 남지 않았다.

오늘 한 걸음

옳은 문장에 동그라미표 하세요.

① 너밖에 없어.   ② 너 밖에 없어.

5월 27일

-끼리

'그 부류만이 서로 함께'의 뜻을 더하는 말.

➡ **우리끼리 알고 있자.**

오늘 한 걸음

'-끼리'를 사용하여 짧은 대화를 만들어 보세요.

8월 5일

-료(料)

'요금', '재료'의 뜻을 더하는 말.

➡ 영화를 보려고 관람**료**를 냈다.
➡ 엄마가 찌개에 조미**료**를 조금 넣으셨다.

오늘 한 걸음

'-료'가 붙어 만들어진 낱말을 국어사전에서 세 개 찾아보세요.

① _____   ② _____

③ _____

~라도

'여럿 중에는 그런대로 괜찮음',
'마찬가지임' 등을 나타내는 말.

➡ 영화**라도** 볼까?
➡ 이 책은 누구**라도** 재미있게 읽을 거야.

오늘 한 걸음

'~라도'를 사용하여 위로하는 말을 해 보세요.

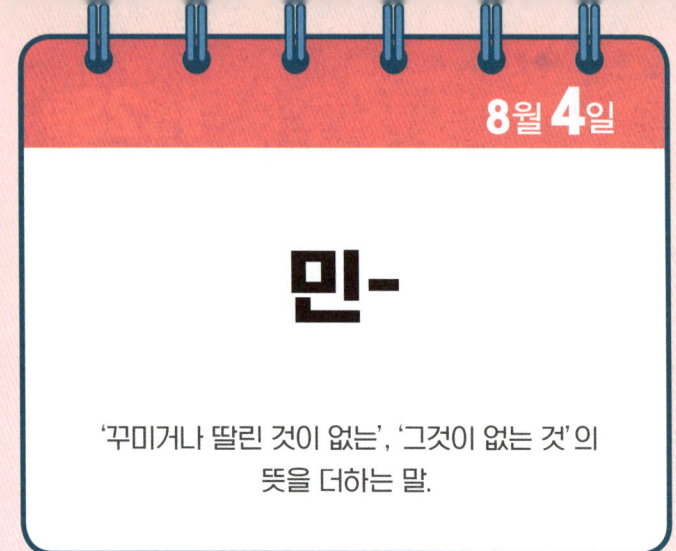

민-

'꾸미거나 딸린 것이 없는', '그것이 없는 것'의 뜻을 더하는 말.

→ 우리 엄마는 민낯도 예쁘다.
→ 더워서 민소매 옷을 입었다.

8월 4일

오늘 한 걸음

'민-'이 붙어 만들어진 낱말을 국어사전에서 세 개 찾아보세요.

① _____   ② _____

③ _____

5월 29일

이를테면

다른 말로 하자면. 예를 들어 말하자면.

➡ 아빠는 **이를테면** 걸어다니는 백과사전이야.
➡ 나는 분식, **이를테면** 떡볶이나 라면 등을 좋아해.

오늘 한 걸음

'이를테면'을 사용하여 좋아하는 음식을 이야기해 보세요.

어떻게

어떤 방법이나 방식으로.
어떤 모양이나 형편으로. 어떤 이유로.

➡ 이 문제를 어떻게 풀지?
➡ 오늘 학교에서 어떻게 지냈어?
➡ 넌 어떻게 숙제를 안 한 거야?

오늘 한 걸음

'어떻게'를 사용하여 질문을 두 개 만들어 보세요.

①

②

띄엄띄엄

사이가 떨어져 있는 모양.
일이나 소리가 되풀이되는 간격이 긴 모양.

➡ 관객이 **띄엄띄엄** 앉아 있었다.
➡ 동생은 책을 **띄엄띄엄** 읽었다.

오늘 한 걸음

'띄엄띄엄'을 사용하여 문장을 만들어 보세요.

8월 2일

그리고

앞의 내용에 이어 뒤의 내용을 단순히 나열할 때 쓰는 말.

➡ 나는 그림을 그렸다. 그리고 색칠을 했다.

오늘 한 걸음

'그리고'를 사용하여 문장 두 개를 이어 보세요.

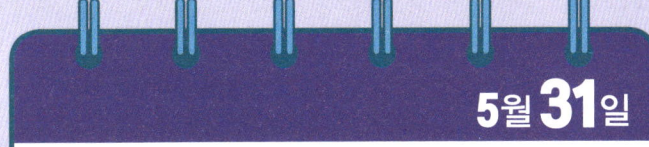

5월 31일

슬그머니

남이 잘 알아차리지 못하게 몰래.
마음속으로 은근히.

➡ 친구가 **슬그머니** 도망쳤다.
➡ 캄캄한 방에 들어가려니 **슬그머니** 겁이 났다.

오늘 한 걸음

슬그머니 도망치는 모습을 직접 몸으로 표현해 보세요.

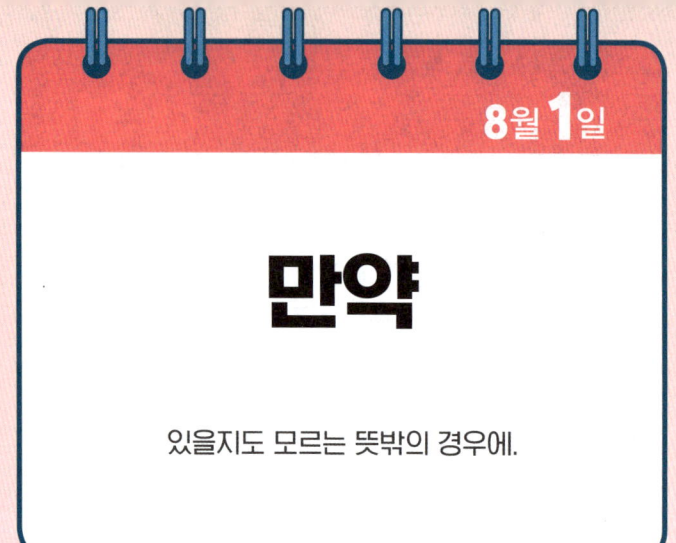

만약

있을지도 모르는 뜻밖의 경우에.

➡ **만약** 비가 오면 놀이공원엔 가지 말자.

'만약'을 사용하여 엉뚱한 상상을 담은 문장을 만들어 보세요.

6월

8월

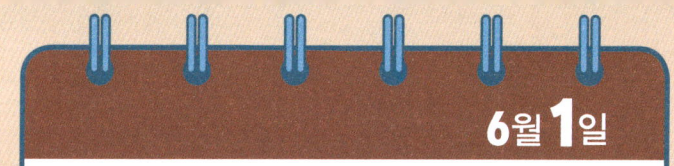

6월 1일

의병

외적을 물리치기 위하여 백성들이 스스로 조직한 군대. 또는 그 군대의 병사.

➡ **외적이 침입하자 농민들은 저마다 농기구를 들고 의병에 참여했다.**

오늘 한 걸음

의병에 관한 이야기를 찾아 읽어 보세요.

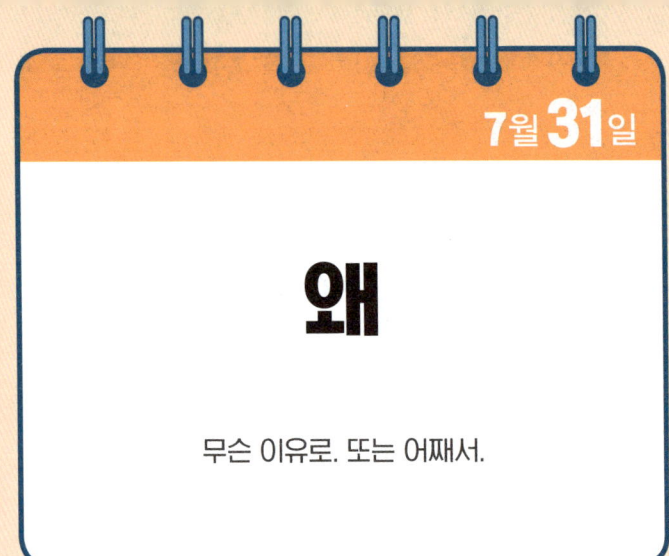

7월 31일

왜

무슨 이유로. 또는 어째서.

➡ **왜** 이렇게 늦었어?

오늘 한 걸음

'왜'를 사용하여 짧은 질문 두 개를 만들어 보세요.

6월 2일

강(強)-

'매우 센' 또는 '호된'의 뜻을 더하는 말.

➡ 내가 좋아하는 야구선수 ㅇㅇㅇ는 **강**타자이다.

오늘 한 걸음

'강-'이 붙어 만들어진 낱말을 두 개 찾아보세요.

① _____

② _____

~만

제한, 강조, 최소한 등을 나타내는 말.

- 하루 종일 아파서 잠만 잤어요.
- 이게 좋아만 할 일이 아냐.
- 딱 한 판만 더 하자!

오늘 한 걸음

'~만'을 사용해서 강조하는 뜻을 담은 문장을 만들어 보세요.

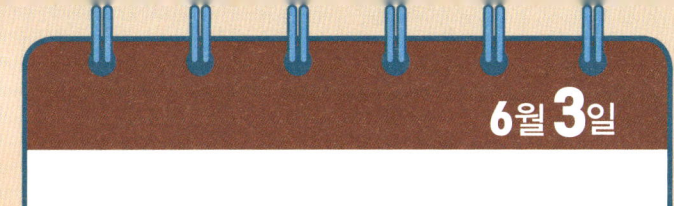

6월 3일

선거

어떤 조직이나 집단에서 대표자를 뽑는 일.

➡ **선거** 결과, 내가 우리 반 반장이 되었다.

오늘 한 걸음

선거와 관련된 경험을 떠올려 이야기해 보세요.

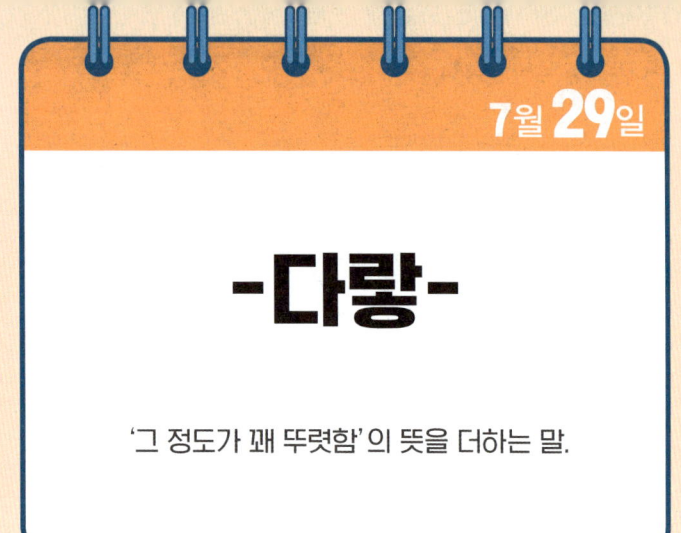

-다랗-

'그 정도가 꽤 뚜렷함'의 뜻을 더하는 말.

➡ 건물이 정말 높다랗다.

오늘 한 걸음

'-다랗-'이 붙은 낱말을 한 개 골라, 그림으로 표현해 보세요.

6월 4일

~라고

앞말이 원래 말해진 그대로 인용됨을 나타내는 말.

➡ 선생님께서 "정말 잘 했어."**라고** 칭찬해 주셨다.

오늘 한 걸음

'~라고'와 큰따옴표(" ")를 사용하여 가족이 한 말을 떠올려 이야기해 보세요.

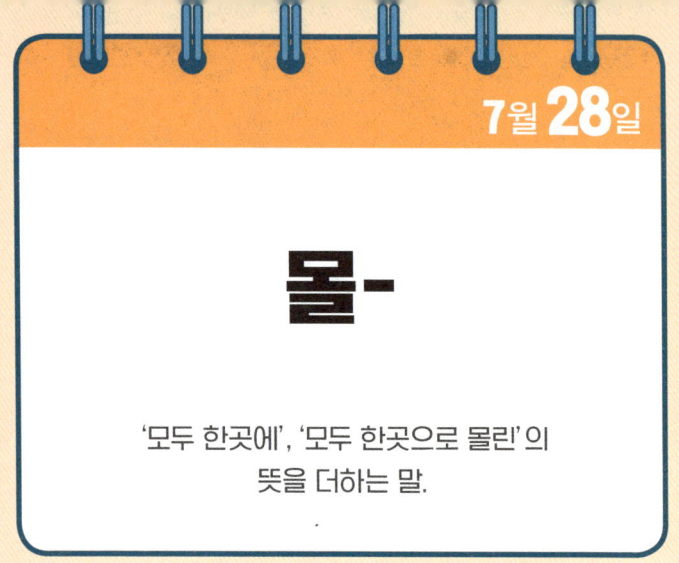

7월 28일

몰-

'모두 한곳에', '모두 한곳으로 몰린'의 뜻을 더하는 말.

➡ **지연이가 몰표를 받아서 반장이 되었다.**

오늘 한 걸음

'몰-'이 붙어 만들어진 낱말을 국어사전에서 세 개 찾아보세요.

①

②

③

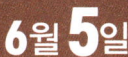

환경

생물이 살아가는 데 영향을 주는
자연 상태나 조건.

➡ **환경**을 보호하려면 분리배출을 잘 해야 한다.

오늘 한 걸음

환경의 날을 맞아 내가 환경을 지키기 위해 할 수 있는 일을 한 가지 이야기해 보세요.

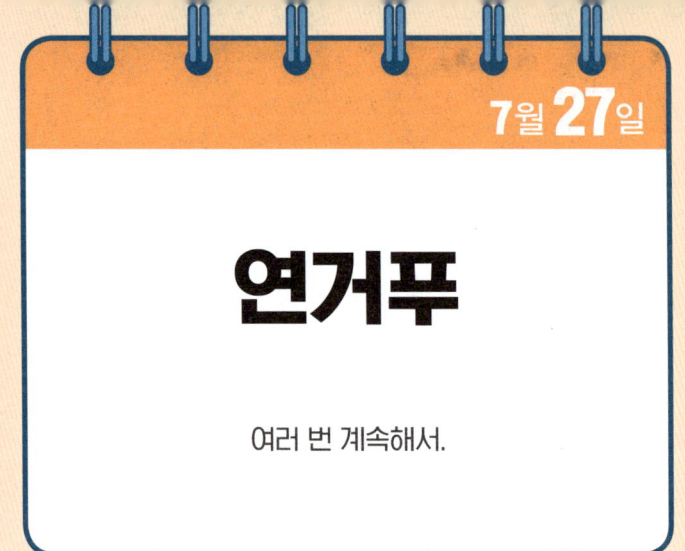

연거푸

여러 번 계속해서.

➡ **연거푸** 파도가 밀려왔다.

오늘 한 걸음

'연거푸'를 사용하여 문장을 만들어 보세요.

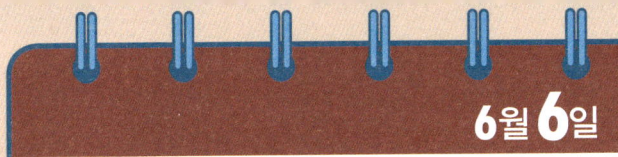

6월 6일

현충일

나라를 위하여 목숨을 바친 군인과 경찰 등을 기리기 위해 정한 기념일.

➡ **현충일**에는 나라를 지킨 분들을 생각하며 묵념해요.

오늘 한 걸음

TV에서 현충일 행사를 찾아보고, 마음에 남는 말이나 장면을 이야기해 보세요.

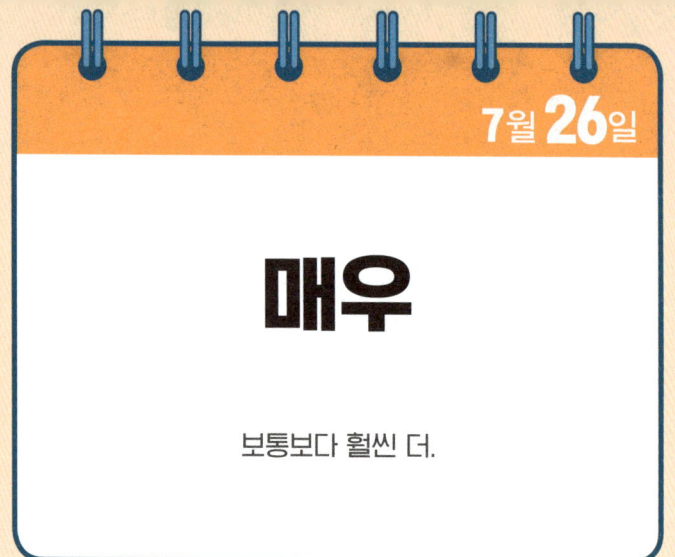

매우

보통보다 훨씬 더.

➡ 바다에서 **매우** 신나게 놀았다.

오늘 한 걸음

'매우'를 사용하여 기분을 표현해 보세요.

실컷

하고 싶은 대로 한껏. 아주 심하게.

➡ 시험만 끝나면 실컷 놀 거야!
➡ 고자질했다가 실컷 혼나기만 했다.

오늘 한 걸음

실컷 하고 싶은 일을 이야기해 보세요.

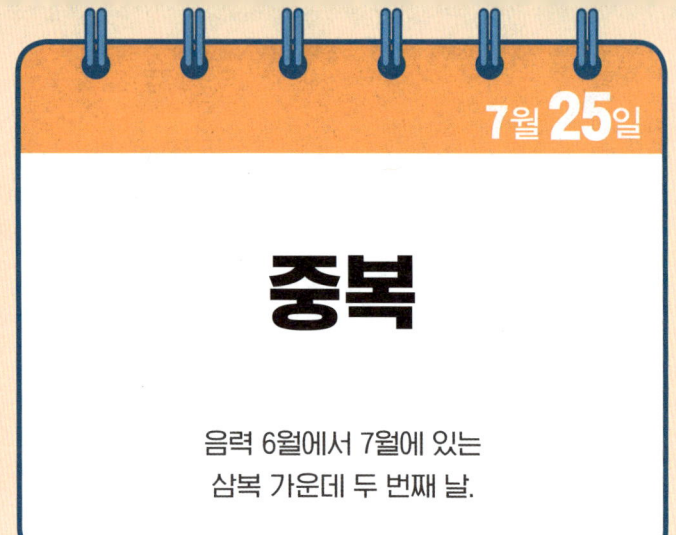

7월 25일

중복

음력 6월에서 7월에 있는 삼복 가운데 두 번째 날.

➡ **중복**은 초복의 열흘 후이다.

오늘 한 걸음

중복 더위를 이겨내는 나만의 방법을 이야기해 보세요.

6월 8일

단

뒤의 내용이 앞의 내용에 예외적인 사항이나 조건임을 나타내는 말.

➡ 이번 일은 용서할게. **단**, 또 똑같은 일을 하면 안 돼.

오늘 한 걸음

'단'을 사용하여 문장을 만들어 보세요.

7월 24일

종종

가끔. 때때로.

➡ **종종** 보이던 길고양이가 요새 안 보여서 걱정이 돼.

종종 하는 일을 이야기해 보세요.

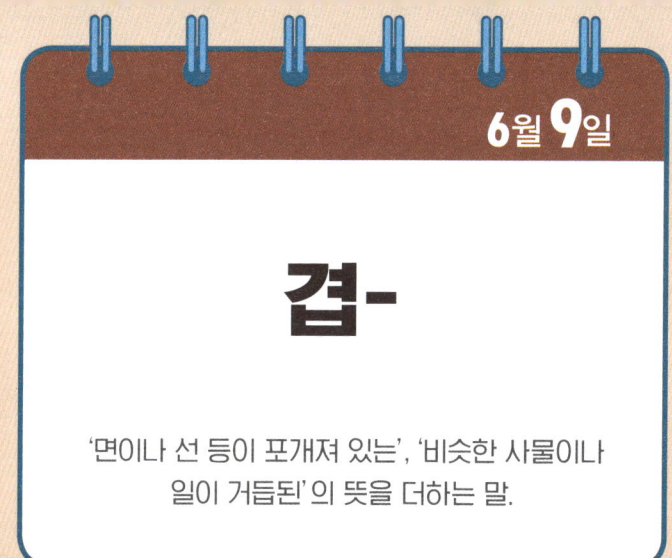

6월 9일

겹-

'면이나 선 등이 포개져 있는', '비슷한 사물이나 일이 거듭된'의 뜻을 더하는 말.

➡ 잠자리의 눈은 **겹**눈이라 빠르게 움직이는 물체를 잘 볼 수 있다.

오늘 한 걸음

'겹-'이 붙어 만들어진 낱말을 국어사전에서 세 개 찾아보세요.

①

②

③

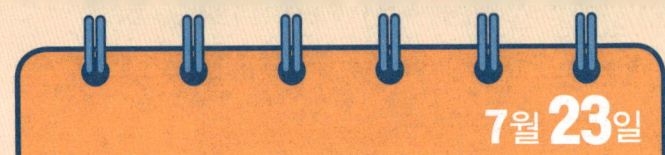

대서

일 년 중 가장 무덥다는 날로 이십사절기의 하나.

➡ **대서**가 되니 바람도 뜨겁구나!

오늘 한 걸음

대서 무더위를 표현하는 문장을 만들어 보세요.

6월 10일

6.10 민주 항쟁

1987년에 일어난 민주화 운동.

➡ **6.10 민주 항쟁**은 대통령을 국민이 직접 뽑게 해달라는 뜻을 담아 시위한 일이에요.

오늘 한 걸음

6.10 민주 항쟁에 관한 사진이나 기록을 찾아보세요.

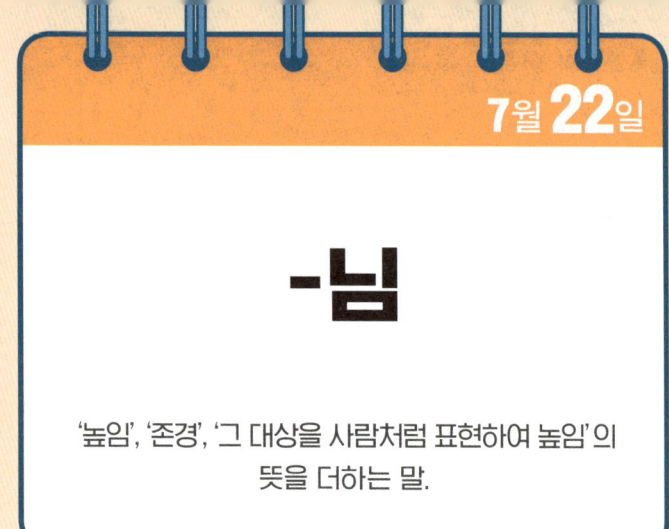

-님

'높임', '존경', '그 대상을 사람처럼 표현하여 높임'의 뜻을 더하는 말.

➡ 부모**님**은 나를 정말 사랑하신다.
➡ 해**님**이 방긋 웃는 날이다.

오늘 한 걸음

'-님'이 붙어 만들어진 낱말을 국어사전에서 세 개 찾아보세요.

① _____   ② _____

③ _____

6월 11일

~(으)로써

어떤 물건의 재료나 원료, 어떤 일을 하는 데 쓰이는 도구를 나타내는 말.

➡ 쌀**로써** 떡을 만들어요.
➡ 대화**로써** 문제를 풀어 보자.

오늘 한 걸음

'~(으)로써'를 사용하여 다양한 사물의 재료를 이야기해 보세요.

7월 21일

풋-

'처음 나온', '덜 익은', '깊지 않은'의 뜻을 더하는 말.

➡ 초록 **풋**사과가 상큼하다.

'풋-'이 붙어 만들어진 낱말을 국어사전에서 세 개 찾아보세요.

①

②

③

급기야

마지막에 가서는.

➡ 언니가 며칠 밤을 새더니 **급기야** 쓰러지고 말았다.

오늘 한 걸음

'급기야'를 사용하여 문장을 만들어 보세요.

아무리

정도가 매우 심하게. 비록 그렇다 하더라도.

➡ **아무리** 힘들어도 이건 꼭 해낼 거야.
➡ **아무리** 바빠도 밥은 먹어야지.

오늘 한 걸음

'아무리'를 사용하여 힘들었던 일을 이야기해 보세요.

6월 13일

말하자면

다른 말로 바꾸어 나타내면.

➡ 이 인형은, **말하자면** 내 친구와 같아.

오늘 한 걸음

빈칸을 채워 보세요.

내 친구 ＿＿＿＿＿＿(은)는, 말하자면 ＿＿＿＿＿＿ 같아.

또한

어떤 것과 마찬가지로. 거기에다가 더하여.

➡ 나 **또한** 그 의견에 따르기로 했다.
➡ 이 책은 재미있고 **또한** 공부에 도움이 된다.

오늘 한 걸음

'또한'을 사용하여 좋은 점 두 가지를 이어 보세요.

끝내

마지막까지 내내. 마지막에 가서 드디어.

➡ 그 문제를 **끝내** 못 풀었다.
➡ 아프셨던 할아버지는 **끝내** 돌아가셨다.

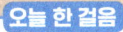

'끝내'를 사용하여 문장을 만들어 보세요.

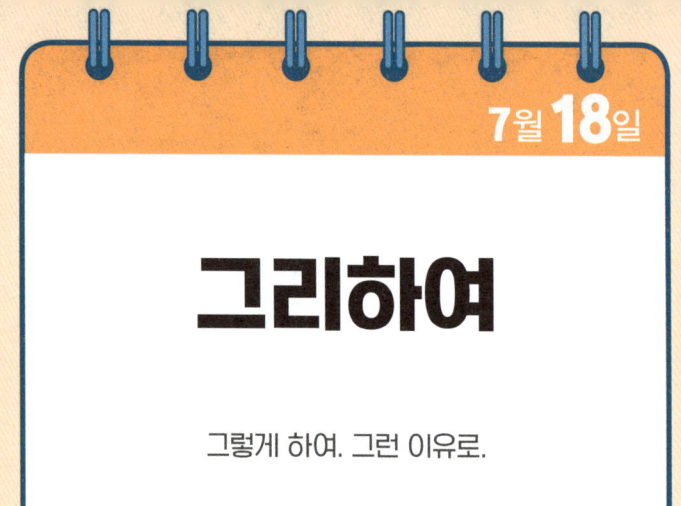

그리하여

그렇게 하여. 그런 이유로.

➡ 그 선수는 열심히 훈련했고 **그리하여** 금 메달을 딸 수 있었다.

오늘 한 걸음

'그리하여'를 사용하여 결과를 설명해 보세요.

더욱이

앞서 말한 것뿐만 아니라 그런 데다가 더.

➡ 처음 가 본 곳인데다 **더욱이** 어둡기까지 해서 길을 찾기가 어려웠다.

오늘 한 걸음

'더욱이'를 사용하여 어려웠던 일을 이야기해 보세요.

제헌절

한국의 헌법을 제정한 것을 기념하는 국경일.

➡ **제헌절**은 1948년 7월 17일에 대한민국 헌법을 만들어 정한 것을 기념하는 날이다.

오늘 한 걸음

대한민국 헌법 제1조 1항과 2항을 찾아 소리 내어 읽어 보세요.

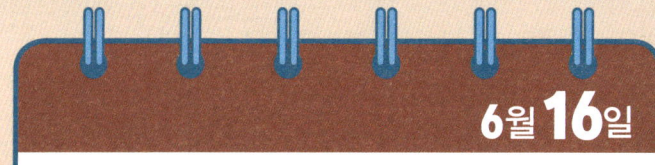

6월 16일

겉-

'겉으로만 보아 대강', '겉으로만',
'섞이지 않고 따로' 등의 뜻을 더하는 말.

→ **겉**대중으로 100명 정도 모인 것 같아.
→ **겉**멋만 들면 안 돼.
→ 길이 미끄러워서 타이어가 **겉**돌았다.

오늘 한 걸음

'겉-'이 붙어 만들어진 낱말을 국어사전에서 세 개 찾아보세요.

① _____   ② _____

③ _____

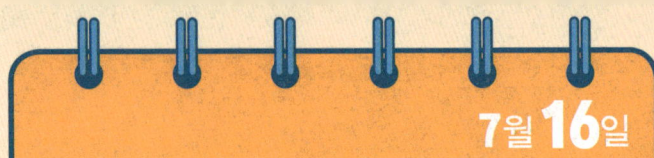

~마는

앞의 내용을 받아들이면서도 그 내용에 의문이나 다른 상황 등을 말할 때 쓰는 말.

➡ **나도 모임에 나가고 싶다마는 해야 할 일이 있구나.**

'~마는'을 사용하여 아쉬운 마음을 표현해 보세요.

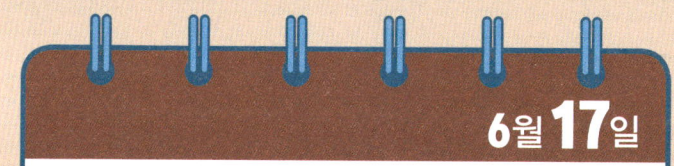

-치레

'치러 내는 일', '겉으로만 꾸미는 일'의 뜻을 더하는 말.

➡ 동생은 잔병**치레**가 떠날 날이 없다.
➡ 겉**치레**보다 실속이 중요하지!

오늘 한 걸음

'-치레'가 붙어 만들어진 낱말을 국어사전에서 세 개 찾아보세요.

① _____   ② _____

③ _____

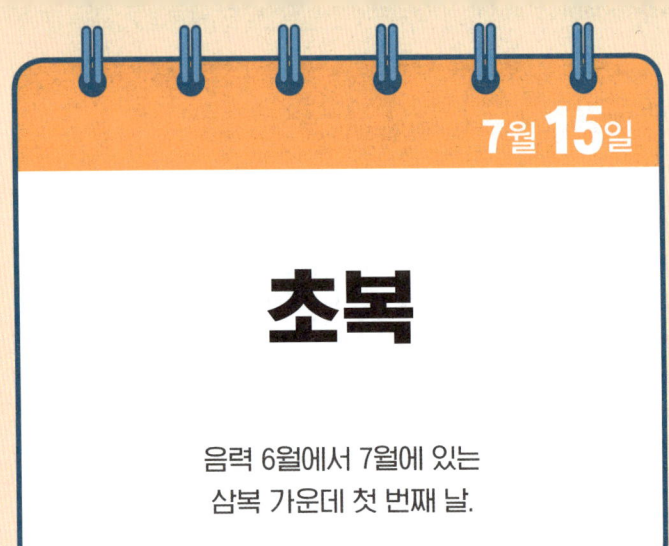

초복

7월 15일

음력 6월에서 7월에 있는 삼복 가운데 첫 번째 날.

➡ 삼복더위란 여름철의 몹시 더운 기간인 **초복**, 중복, 말복의 더위를 말한다.

오늘 한 걸음

초복에 사람들이 즐겨 먹는 음식을 조사해 보세요.

6월 18일

~만치

앞말과 정도가 서로 비슷하거나 같음.
앞말에 한정됨.

➡ **어제만치 날씨가 좋다.**

오늘 한 걸음

'~만치'를 사용하여 비교하는 문장을 만들어 보세요.

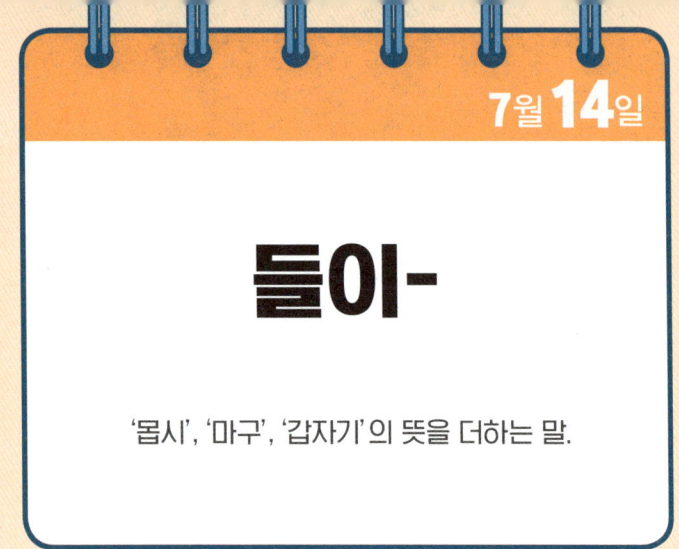

들이-

'몹시', '마구', '갑자기'의 뜻을 더하는 말.

➡ **목이 말라서 물을 마구 들이켰다.**

'들이-'가 붙어 만들어진 낱말을 국어사전에서 세 개 찾아보세요.

① _____ ② _____

③ _____

6월 19일

단오

한국의 명절의 하나. 음력 5월 5일.

➡ **단오**에는 남자들이 씨름을 하는 풍습이 있었다.

오늘 한 걸음

단오의 풍습을 조사해 보세요.

7월 13일

도저히

아무리 하여도.

➡ 가방이 너무 무거워서 **도저히** 혼자 들 수 없어.

오늘 한 걸음

빈칸에 들어갈 알맞은 말을 골라 보세요.

도저히 _____.

① 먹을 수 없었어 ② 맛있게 먹었어

6월 20일

어느덧

모르고 있는 동안에 벌써.

➡ **어느덧** 내가 2학년이 됐다.

오늘 한 걸음

'어느덧'을 사용하여 시간이 흐른 일을 이야기해 보세요.

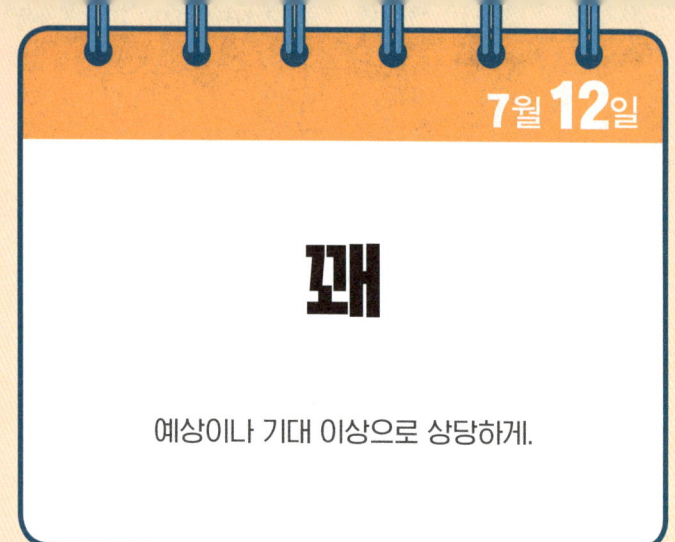

꽤

예상이나 기대 이상으로 상당하게.

➡ **너희 집이랑 우리 집이 꽤 가깝더라?**

오늘 한 걸음

'꽤'를 사용하여 집이나 학교를 설명해 보세요.
(예: 꽤 넓다, 꽤 예쁘다, 꽤 높다 등)

6월 21일

하지

일 년 중 낮이 가장 긴 날로 이십사절기의 하나.

➡ 오늘은 하지라서 낮이 일 년 중 가장 길다.

오늘 한 걸음

오늘 해가 뜬 시각과 해가 진 시각을 조사해 보세요.

근데

'그런데'의 줄임말. 앞의 내용과 다르거나 반대되는 내용을 이야기할 때 쓰는 말.

➡ 어제 식당에 갔어. 근데 거기서 선생님을 만난 거 있지.

오늘 한 걸음

'근데'를 사용하여 짧은 대화를 만들어 보세요.

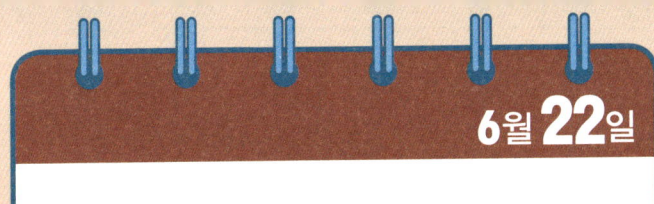

다시금

강조하는 뜻으로(다시).

➡ **엄마는 가스 밸브를 다시금 확인하셨다.**

'다시금'을 사용하여 내가 꼼꼼히 챙겨야 하는 일을 이야기해 보세요.

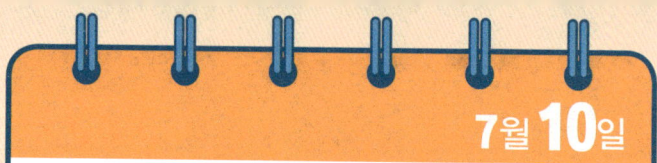

간간이

시간적 간격을 두고 얼마쯤 있다가 가끔씩.
공간적인 거리를 두고 여기저기에.

➡ 바람이 **간간이** 불어온다.
➡ 엄마 머리에 **간간이** 흰 머리카락이 보인다.

오늘 한 걸음

'간간이'를 사용하여 문장을 만들어 보세요.

- 군말 없이 엄마를 따라 나섰다.
- 김 대감 댁에 군식구를 들였어요.

오늘 한 걸음

'군-'이 붙어 만들어진 낱말을 국어사전에서 세 개 찾아보세요.

①

②

③

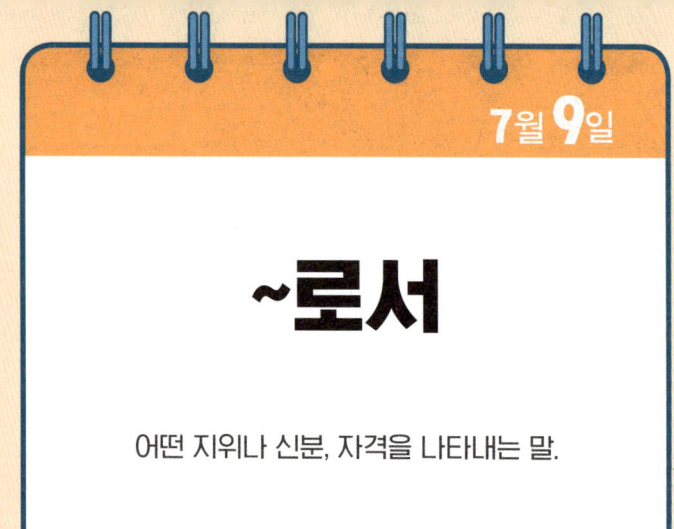

~로서

어떤 지위나 신분, 자격을 나타내는 말.

➡ 나는 우리 반의 대표로서 방송실에 갔다.

오늘 한 걸음

'~로서'를 사용하여 나의 역할을 이야기해 보세요.

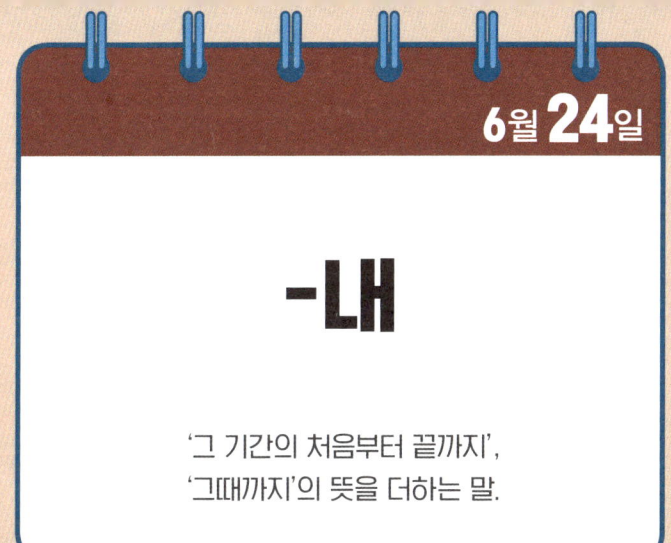

6월 24일

-내

'그 기간의 처음부터 끝까지', '그때까지'의 뜻을 더하는 말.

➡ 누나가 저녁내 기침을 했다.
➡ 마침내 가족을 만날 수 있었다.

오늘 한 걸음

'-내'가 붙어 만들어진 낱말을 국어사전에서 세 개 찾아보세요.

① _____   ② _____

③ _____

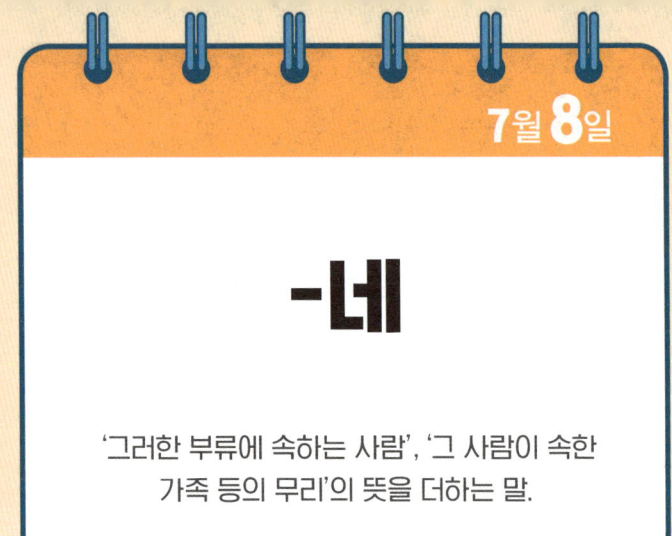

-네

'그러한 부류에 속하는 사람', '그 사람이 속한 가족 등의 무리'의 뜻을 더하는 말.

➡ 우리 셋은 나이가 같은 동갑네다.
➡ 고모네 가족과 여행을 갔다.

오늘 한 걸음

'-네'가 붙어 만들어진 낱말을 국어사전에서 세 개 찾아보세요.

① _____   ② _____

③ _____

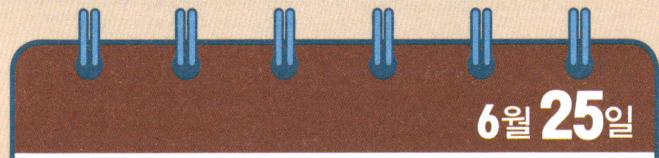

6.25 전쟁

1950년 6월 25일,
북한이 쳐들어와서 일어난 전쟁.

➡ **6.25 전쟁**은 우리나라가 남한과 북한으로 갈라져 싸운 슬픈 전쟁이에요.

오늘 한 걸음

6.25 전쟁에서 어떤 일이 있었는지 조사해 보세요.

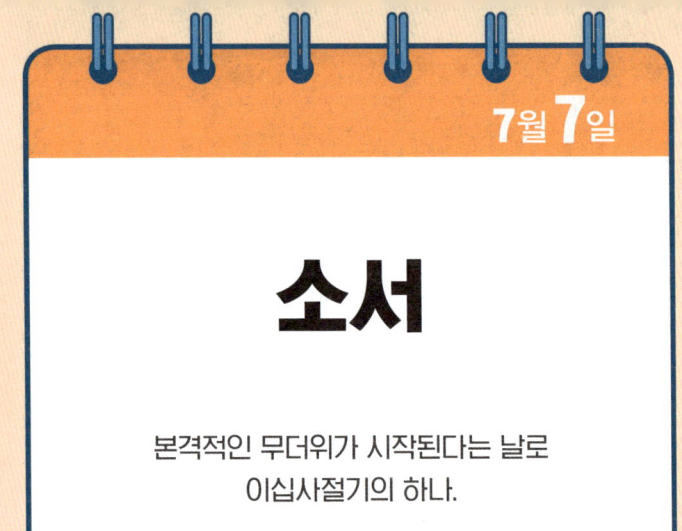

소서

본격적인 무더위가 시작된다는 날로 이십사절기의 하나.

➡ **오늘 왜 이리 더운가 했더니, 소서였네!**

오늘 한 걸음

소서 무렵의 더위를 표현하는 그림을 그려 보세요.

6월 26일

바야흐로

지금 한창. 또는 이제 막.

➡ 날씨를 보니 **바야흐로** 여름이구나!

오늘 한 걸음

'바야흐로'를 사용하여 계절을 표현해 보세요.

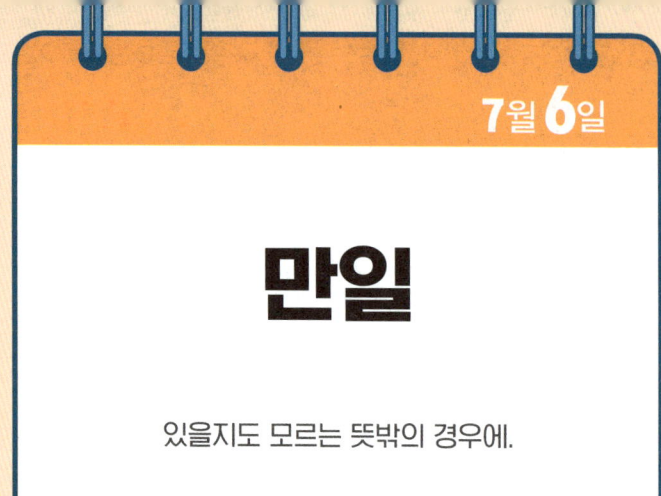

만일

있을지도 모르는 뜻밖의 경우에.

➡ **만일** 늦을 것 같으면 꼭 전화해.

오늘 한 걸음

'만일'을 사용해서 일어날 수 있는 일을 상상해 보세요.

6월 27일

도무지

아무리 해도. 뭐라고 할 것도 없이 아주.

- 누나 기분은 도무지 알 수가 없다니까!
- 이 옷은 도무지 나한테 어울리지가 않아.

오늘 한 걸음

'도무지'를 사용하여 답답했던 일을 이야기해 보세요.

예컨대

예를 들자면.

➡ **단백질, 예컨대 계란, 고기, 생선, 두부 등을 챙겨 먹어야 한다.**

오늘 한 걸음

'예컨대'를 사용하여 좋아하는 음식을 이야기해 보세요.

왜냐하면

왜 그러냐 하면.

➡ 시험을 망쳤다. **왜냐하면** 문제를 제대로 읽지 않았기 때문이다.

오늘 한 걸음

'왜냐하면'을 사용하여 이유를 설명해 보세요.

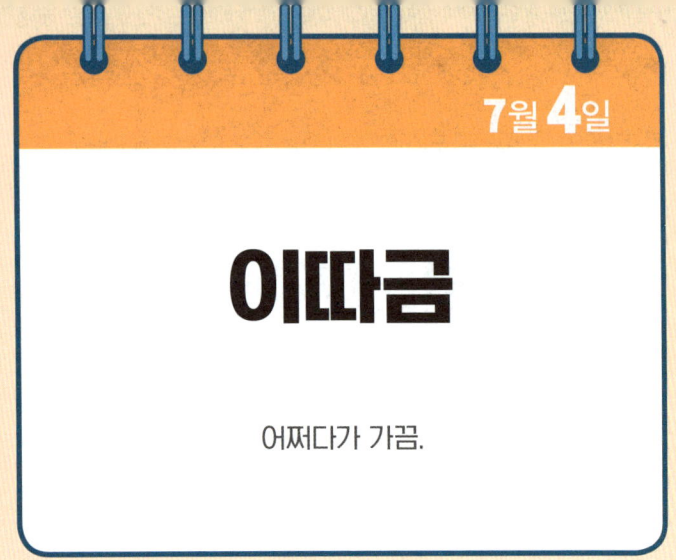

이따금

어쩌다가 가끔.

➡ 할머니는 **이따금** 나한테 전화를 하신다.

이따금 하는 일을 이야기해 보세요.

그러니까

그런 이유로. 다시 말해서. 말을 시작하자면.

- 배고파. 그러니까 밥부터 먹자.
- 이분은 엄마의 동생, 그러니까 이모예요.
- 그러니까, 뭘 하자고?

오늘 한 걸음

'그러니까'를 사용하여 친구에게 무언가 설명하는 문장을 만들어 보세요.

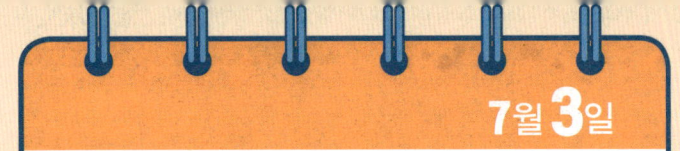

7월 3일

얼마나

상태나 느낌 등의 정도가 매우 크고 대단하게.
어느 정도나.

➡ **얼마나** 놀랐는지 몰라!
➡ 시간이 **얼마나** 지난 거야?

오늘 한 걸음

'얼마나'를 사용하여 감탄하는 문장을 만들어 보세요.

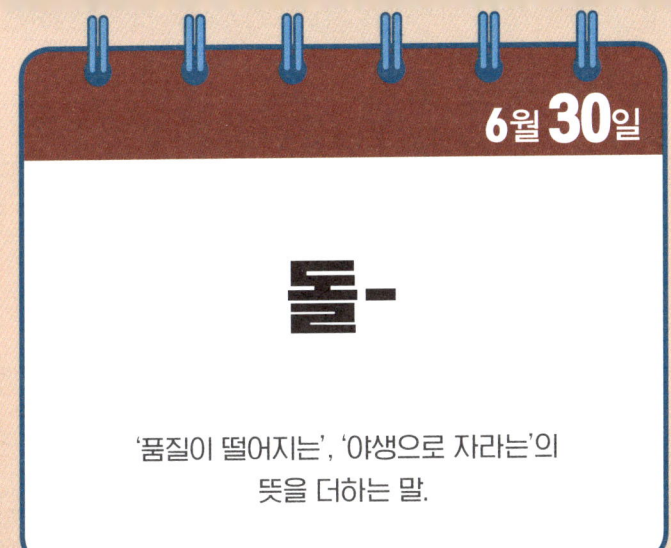

6월 30일

돌-

'품질이 떨어지는', '야생으로 자라는'의 뜻을 더하는 말.

➡ 삼겹살이랑 **돌**미나리를 구워 먹었더니 향기롭고 맛있었다.

오늘 한 걸음

'돌-'이 붙은 식물 이름을 찾아보세요.

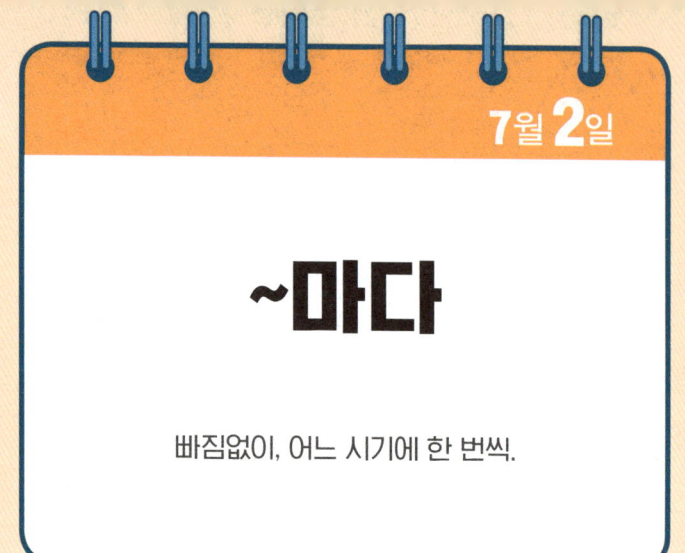

~마다

빠짐없이, 어느 시기에 한 번씩.

➡ 나는 아침**마다** 일력을 넘겨서 읽어요.
➡ 올림픽은 4년**마다** 열려요.

오늘 한 걸음

아침마다 하는 일을 이야기하거나 그림으로 그려 보세요.

7월

7월 1일

-내기

'그 지역에서 태어나고 자란 사람', '그런 특성을 가진 사람'의 뜻을 더하는 말.

➡ 서울**내기**인 삼촌이 시골로 가서 농사를 짓는다고 하셨다.

오늘 한 걸음

'-내기'가 붙어 만들어진 낱말을 국어사전에서 세 개 찾아보세요.

① _____   ② _____

③ _____